医学院校外语课程思政实践与探索

徐　霞　薄蓉蓉　主编

苏 州 大 学 出 版 社

图书在版编目（CIP）数据

医学院校外语课程思政实践与探索 / 徐霞，薄蓉蓉主编. -- 苏州 : 苏州大学出版社，2024. 12. -- ISBN 978-7-5672-5148-9

Ⅰ. H319.3；G641

中国国家版本馆 CIP 数据核字第 2025D1L894 号

YIXUE YUANXIAO WAIYU KECHENG SIZHENG SHIJIAN YU TANSUO

书　　名：医学院校外语课程思政实践与探索

主　　编：徐　霞　薄蓉蓉

责任编辑：闫莹莹

装帧设计：吴　钰

出版发行：苏州大学出版社（Soochow University Press）

社　　址：苏州市十梓街 1 号　**邮编**：215006

印　　刷：江苏凤凰数码印务有限公司

邮购热线：0512-67480030

销售热线：0512-67481020

开　　本：700 mm×1000 mm　1/16　**印张**：11. 75　**字数**：199 千

版　　次：2024 年 12 月第 1 版

印　　次：2024 年 12 月第 1 次印刷

书　　号：ISBN 978-7-5672-5148-9

定　　价：48. 00 元

苏州大学出版社营销部　电话：0512-67481020

苏州大学出版社网址　http://www.sudapress.com

苏州大学出版社邮箱　sdcbs@suda.edu.cn

引 言

2016年12月，习近平总书记在全国高校思想政治工作会议上发表重要讲话时强调："高校思想政治工作关系高校培养什么样的人、如何培养人以及为谁培养人这个根本问题。要坚持把立德树人作为中心环节，把思想政治工作贯穿教育教学全过程、实现全程育人、全方位育人"，"要用好课堂教学这个主渠道，思想政治理论课要坚持在改进中加强，提升思想政治教育亲和力和针对性，满足学生成长发展需求和期待，其他各门课都要守好一段渠、种好责任田。"

2020年5月，教育部印发实施《高等学校课程思政建设指导纲要》，明确指出要结合学校发展定位和人才培养目标，构建全面覆盖、类型丰富、层次递进、相互支撑的课程思政体系。外语课程作为高等教育体系中的重要组成部分，不仅承担着传授语言知识和技能的任务，更是文化传承与交流的重要桥梁。外语课程思政将习近平新时代中国特色社会主义思想、社会主义核心价值观、中华优秀传统文化、宪法法治教育、职业理想和职业道德教育融入教学设计和教学实践全过程，旨在培养具有国际视野、家国情怀和跨文化交流能力的新时代人才，对于提高高校人才培养质量和推动国家文化软实力具有重要意义。

在这一背景下，南京医科大学外国语学院顺势而为，积极探索，将课程思政要求与医科院校的自身特点和发展定位相结合，探索符合学校实际的教学内容和方法，形成具有校本特色的课程思政体系。对于进入"双一流"建设队伍的医学院校而言，推进"新医科"建设是高质量发展主题中的应有之义，而"新医科"所倡导的"医文融合"理念对医学院校外语课程思政建设提出了新的要求，即不仅要关注语言技能的培养，还要注重人文关怀和社会责任感的培育，使医学生能够在专业学习的同时，深刻理解医学的社会价值和个人职业使命。

本书共分为七章，第一章至第五章为外语课程思政教学案例，第六章至第七章为相关外语教学成果。第一章为通识英语课程思政教学案例，基于本科阶段及继续教育阶段的通识英语课程展开设计；第二章为学术英语课程思政教学案例，基于本科阶段的学术英语（医学）课程和研究生阶段指向学术能力培养的课程展开设计；第三章为医学英语课程思政教学案例，基于本科阶段的医学英语课程展开设计；第四章为英语专业课程思政教学案例，基于习近平新时代中国特色社会主义思想“三进”系列课程以及具有医学人文特色的校本课程展开设计；第五章为留学生教育课程思政教学案例，基于提升来华留学生中国文化素养的课程展开设计。第六章为“讲好中国故事”学生成果，是学生围绕“讲好中国故事”主题撰写的英语演讲文稿，内容涵盖中国文化、高质量发展、共建“一带一路”倡议等话题；第七章为“讲好医学故事”学生成果，是学生围绕医学主题创作的短视频文本，内容涵盖医学教育、人工智能（artificial intelligence，AI）与医疗创新、疾病诊疗等话题。

本书不仅是对现有课程思政教研成果的总结与提炼，更为广大外语教师提供了可操作性强、效果显著的教学方案。它不仅有助于提升外语教学质量，还能促进医学生的全面发展，为实现“新医科”建设目标贡献力量。希望本书能成为推动外语课程思政建设的一份重要参考文献，助力更多高校培养出具有校本特色的高素质人才。

徐　霞　薄蓉蓉

2024 年 10 月

Contents 目录

第一章　通识英语课程

“大学英语”课程思政教学案例
Overcoming Obstacles

秦　晔

一、课程总览

课程名称：大学英语。

课程类型：大学英语通用英语课程。

课程目标：本课程旨在全面提升非英语专业学生的英语技能，包括听、说、读、写、译等。具体体现为能够有效地理解不同口音和语速的英语口语，包括日常对话、学术讲座和多媒体材料；能够自信地参与英语讨论，进行有效的沟通，流利地表达个人的见解；能够理解各种类型的文本并对其进行分析，包括文学作品、学术文章和专业资料；能够锻炼写作能力，清晰表达思想，使用规范的语言；能够养成自主学习的习惯，在课堂之外持续提高英语水平。此外，课程强调英语教育的人文性和实用性，通过多样化的语言材料和文化内容，提升学生的跨文化沟通技巧和综合文化素养。

授课对象：非英语专业一年级本科生（医学专业）。

授课学时：46 学时。

二、教学设计

（一）案例简介

本案例授课内容出自《全新版大学高阶英语综合教程 2》中 Unit 2 Overcoming Obstacles，课文主题是克服障碍。主人公迈克尔·斯通是一个视障运动员，他通过自己坚持不懈的努力，在全国青少年奥林匹克运动会上克服困难，突破自我，最终刷新世界纪录。本课教学以课本内容为基础，穿插演讲技能的训练。除知识点讲授外，还通过引导学生深入理解课文中的思政语言内容，鼓励学生面对逆境时保持积极和乐观的心态，引领他们树立正确的信念，即无论面对多大的困难和挑战都永不言弃，坚持努力，最终实现自己的梦想。

（二）教学目标

1. 知识目标

（1）掌握本单元的核心单词、短语和语法结构。

（2）了解迈克尔·斯通故事的详细情节及其深层含义。

（3）了解组织演讲要点的方法，包括时间顺序法（Chronological Order）、空间顺序法（Spatial Order）、问题-出路法（Problem-Solution Order）、话题顺序法（Topical Order）。

（4）掌握组织演讲要点的指导原则。

（5）运用要点组织法搭建不同类型演讲的全局结构。

2. 能力目标

（1）提升学生的阅读理解能力和批判性思维能力。

（2）培养学生团队合作精神和分析问题、解决问题的能力。

（3）培养学生演讲时中心明确、条理清晰的思维习惯。

（4）帮助学生掌握一般的演讲要点组织方法。

3. 课程思政目标

（1）通过迈克尔·斯通的故事，引导学生认识到克服困难的重要性，鼓励学生积极面对困难。引导学生讨论获得成功的要素有哪些。

（2）通过观看长城的视频，帮助学生树立文化自信。

（3）通过观看视频《下一次疫情暴发，我们准备好了吗?》，强调预防医学的重要性，鼓励学生不仅要重视疾病的治疗，还要重视其预防和控制。作为医科院校的学生，更要关注全球健康问题。

（4）通过学习 TED 演讲 *What is HPV and how can you protect yourself from it?*，帮助学生了解什么是人乳头状瘤病毒（human papillomavirus，HPV）及如何保护自己免受 HPV 的伤害。

（5）通过学习网络资源，了解我国适龄女性 HPV 疫苗接种率较低的原因和国家为逐步解决 HPV 疫苗供应不足等问题所采取的措施；采用适当的要点组织法，分析接种 HPV 疫苗的重要性等，展示医学生的风采。

（三）教学内容

（1）学习课文大意，展示个人梦想与现实努力之间的联系，引导学生思考如何通过坚持不懈的努力实现梦想。

（2）学习如何归纳段落大义，完成课后的阅读理解练习。

（3）了解要点的定义；识别组织演讲要点的四种方法：时间顺序法、空间顺序法、问题-出路法、话题顺序法；讨论组织演讲要点的指导原则：控制要点的数量（Limit the number of main points），将要点分隔开来（Keep main points separate），要点的措辞应采用同样的模式（Try to use the same patterns of wording for main points），要点所占的时长应比较均等（Balance the amount of time of main points）。

（四）教学方法及手段

本单元教学设计利用基于成果导向理念（Outcome-Based Education）的5P教学模型展开：课前驱动（Preview）、理论促成（Principle）、实践演练（Practice）、反思改进（Progress）、成果产出（Product），同时利用翻转式课堂（Flipped Classroom）和任务型教学法（Task-based Learning Approach）串联教学活动。学生在课前通过阅读文本和观看视频的方式，自主学习本章节的词汇和背景知识。课堂上教师指导学生进行展示，开展评估并给予反馈。具体包括以下几种教学方法：

（1）讲授法：传授语言知识点和文化背景。

（2）讨论法：组织学生就特定主题进行小组讨论，促进学生深入思考。

（3）案例分析法：分析迈克尔·斯通成功的原因，引导学生总结成功的多元路径。

（4）角色扮演：组织学生进行角色扮演，增强课堂互动性。

（5）多媒体教学：利用视频等多媒体材料，增强教学的直观性和互动性。

（五）教学过程

该课程具体教学设计、教学环节及教学过程见表 1-1。

表 1-1 《克服障碍》教学设计、教学环节及教学过程

教学设计	教学环节	教学过程	思政元素
课前驱动	自主预习	（1）收集一些中国残障名人的事例，准备一个 2 分钟英文介绍 （2）在超星学习通平台观看微课 *Organizing the Body of the Speech*，了解演讲要点的组织方法和指导原则  	通过收集残障人士克服困难、追求梦想的故事，可以培养学生自强不息的精神，激励他们在面对挑战时不轻言放弃
理论促成	预习检测	教师通过提问的方式，检测学生预习的效果 问题 1：What is the definition of main points? 教师总结要点的定义：要点是演讲的中心成分，通常一篇演讲会包含 2—5 个要点 问题 2：How many strategic orders can you use in presenting main points? 组织演讲要点的 4 种方法包括： ● 时间顺序法 ● 空间顺序法 ● 问题-出路法 ● 话题顺序法 学生在此环节，对演讲要点的定义和组织方法有所了解	
	分析任务	学生通读课文，完成课后练习，提炼课文中的要点（段落大意），并分析课文中的要点是按照什么顺序进行组织的	迈克尔的故事展示了在面临巨大挑战的情况下，坚持不懈是实现目标的关键。他的故事激励我们在面对困难时不放弃，持续努力

续表

教学设计	教学环节	教学过程	思政元素
理论促成	分析任务	课文讲述的是视障运动员迈克尔·斯通通过艰苦的训练，克服自己的视觉障碍，获得了全国青少年奥林匹克冠军的励志故事。全文按照时间顺序来组织要点，其中第一个要点以倒叙的手法插入第二个要点和第三个要点中间 学生在此环节，理解了课文大意，进一步学习了要点组织法当中的时间顺序法	
	讨论任务	分组讨论迈克尔·斯通的成功是由哪些因素促成的？ 这些因素包括但不限于： 坚韧的毅力 明确的目标 家庭的支持 积极的心态 …… 迈克尔·斯通自幼怀揣飞翔的梦想，他的母亲通过阅读关于飞行的故事激发了他的想象力，而他的父亲则教导他通过努力工作来实现目标。从 14 岁开始，迈克尔在父亲的指导和监督下开始了严格的训练，以提高自己的体能和技巧。在美国青少年奥林匹克运动会的撑竿跳高比赛中，迈克尔面对巨大的挑战，内心紧张而焦虑，但他通过回忆母亲的建议，用深呼吸来平静自己，并重新集中注意力，最后打破了美国和国际青少年奥运会的纪录。故事的结尾揭露了一个令人惊讶的事实：他是一个视障运动员，这使得他的成就更加非凡 在此环节，学生了解到成功很少是单一因素促成的结果，而是多种因素相互作用、相互促进的共同体现	成功不是偶然，而是多种因素综合的结果 • 持续不断的努力和坚持是成功的重要基石 • 设定清晰、可实现的目标有助于引导个人的努力方向，并提供动力 • 家庭、朋友和社区的支持可以提供情感上的鼓励和实际帮助，增强个人实现目标的能力 • 积极的心态能够帮助个人在面对挑战时保持乐观，从而更容易克服困难
	脑图任务	教师展示 4 个英语演讲片段，帮助学生归纳 4 种组织演讲要点的方法 片段 1： 标题：《中国长城》（*The Great Wall of China*） 方法：时间顺序法 提示词：221—206 B.C. 206 B.C.—220 A.D. 1368—1644	长城是中国乃至世界的重要历史文化遗产，通过观看视频《中国长城》，培养学生对历史的尊重和敬畏；增强学生的民族自豪感和自信心

续表

教学设计	教学环节	教学过程	思政元素
理论促成	脑图任务	片段 2： 标题：《竹子建造的魔法屋》（*Magic House*：*Made of Bamboo*） 方法：空间顺序法 提示词：enter 片段 3： 标题：《我们如何改变家暴》（*How We Turned the Tide on Domestic Violence*） 方法：问题-出路法 提示词：Step One Step Two 片段 4： 标题：《下一次疫情暴发，我们准备好了吗?》（*The Next Outbreak*? *We are not ready*） 方法：话题顺序法 提示词：First Second Third 在此环节，学生加深了对 4 种要点组织法的理解，明确了组织演讲要点的四种类型和适用场合	通过观看视频《下一次疫情暴发，我们准备好了吗?》，强调预防医学的重要性，鼓励学生不仅要重视疾病的治疗，更要重视其预防和控制。作为医科院校的学生，更要关注全球健康问题
实践演练	汇报任务	教师展示一些中国残障名人的照片，并用一两句话做简单介绍	张海迪：中国著名作家、社会活动家。5 岁时因患脊髓血管瘤导致高位截瘫，但她凭借坚强的意志和不懈的努力，自学成才，成为作家和翻译家，还积极参与社会公益事业。她的故事激励了无数人 邰丽华：中国著名聋哑人舞蹈家，以其在 2005 年春晚上的舞蹈《千手观音》而闻名。尽管她听不见音乐，但通过

续表

教学设计	教学环节	教学过程	思政元素
实践演练	汇报任务	学生根据自己收集的中国残障名人资料，撰写演讲要点等。教师邀请 1—2 名学生上台展示	音乐的震动和节奏，她和团队完美地完成了表演，感动了亿万观众 陈燕：中国第一位盲人钢琴调律师，她克服了视力障碍，通过自己的努力和坚持，成为一名专业的钢琴调律师，并积极参与公益活动，帮助更多的视障人士 这些人物不仅在各自的领域取得了卓越的成就，更以其坚韧不拔的精神和积极向上的态度，成为激励人们克服困难、追求梦想的典范
	评价任务	根据评价清单，教师邀请学生评价展示者使用了哪种类型的要点组织法，以及组织要点时存在哪些问题 **Checklist for Preparing Main Points** 1. Are the main points organized according to one of the following methods of organization? ■ Chronological order ■ Spatial order ■ Topical order ■ Problem-solution order 2. Does the body of speech contain two to five main points? 3. Are these main points clearly separate from one another? 4. Did the speaker use the same pattern of wording for all the main points? 5. Did the speaker balance the amount of time devoted to each main point?	

续表

教学设计	教学环节	教学过程	思政元素
反思改进	策略反思	以演讲同学的要点组织法为案例，引导学生分析案例中出现的问题，并归纳组织要点的策略 Tip 1：Limit the number of main points 策略一：控制要点的数量 Tip 2：Keep main points separate 策略二：将要点分隔开来 Tip 3：Try to use the same patterns of wording for main points 策略三：要点的措辞应采用同样的模式 Tip4：Balance the amount of time devoted to main points 策略四：要点所占的时长应比较均等	
	角色扮演任务	抽签选出几位同学充当本环节的小老师，为演讲同学提出改进意见	
成果产出	写作任务	学生在课后观看 TED 英语演讲《什么是 HPV 以及我们该如何预防?》。(*What is HPV and how can you protect yourself from it?*)，了解什么是 HPV 及如何保护自己免受 HPV 的伤害 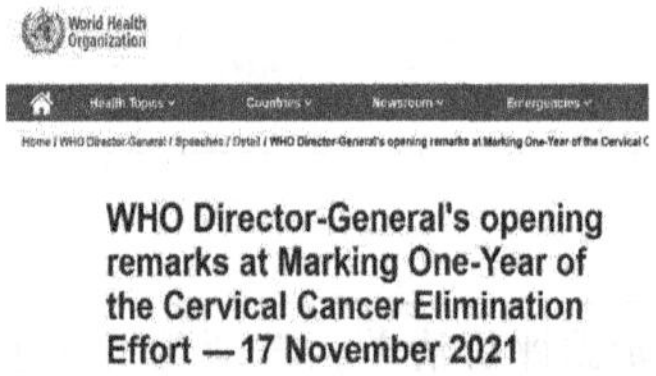 扫描教师提供的二维码，阅读《中国日报》上关于 HPV 的文章，了解我国适龄女性 HPV 疫苗接种率较低的原因和国家逐步解决 HPV 疫苗供应不足等问题的举措 联系医学专业，选用一种要点组织法，以 HPV 为主题，撰写一份要点清单。内容可以涉及 HPV 简介、为什么要打 HPV 疫苗、HPV 疫苗的类型和效果等，上传至超星学习通平台 学生还须在超星学习通平台完成本章节的配套作业	通过观看视频《什么是 HPV 以及我们该如何预防?》，以及阅读有关 HPV 的文章，学生了解了 HPV 和疫苗的知识及 HPV 的预防方法；增强了对个人和公共卫生重要性的认识；理解了预防疾病、促进健康的重要意义，这与推进健康中国建设的国家战略相契合 医学生作为未来的医疗卫生工作者，了解并推广 HPV 疫苗接种是他们职责的一部分。这一活动也有助于培养学生的社会责任感和职业使命感

（六）教学反思

本单元教学设计注重学生语言技能和思政素养的双重提升。

教师基于群组学习法和思维导图，讲授了组织演讲要点的四种方法和指导原则。在教学活动中，学生能够识别组织演讲要点的基本方法并选择适当的要点组织法撰写大纲。但如果要点和要点之间缺乏必要的过渡和转承，整个演讲听起来就会显得不连贯和不协调。学生需要在下一节学习常见的过渡语和提示语，使演讲连贯、协调。

通过迈克尔·斯通的故事，学生不仅学习了相关的语言知识，更在情感态度和价值观上得到了积极的引导。然而，教师在教学过程中也发现部分学生在批判性思维和口语表达能力上还有待提高。在未来的教学中，教师将进一步加强对这些能力的训练，同时探索更多互动性和实践性的教学方法，以促进学生的全面发展。具体措施如下：

1. 批判性思维的培养

（1）学生在理解迈克尔·斯通故事的情感层面的同时，应进一步被引导去批判性地思考故事背后的深层含义，例如，探讨个人毅力与社会支持的关系，以及如何在逆境中发现和利用资源。

（2）教师应设计更多问题，激发学生对故事情节展开深入分析，比如，讨论迈克尔·斯通成功的因素之后，引导学生进一步讨论这些因素如何适用于自己的生活和学习。

2. 口语表达能力的提升

（1）针对学生在口语表达上的不足，教师可以引入角色扮演、模拟演讲等活动，让学生在模拟情境中练习表达和沟通技巧。

（2）教师可以组织辩论赛或小组讨论，鼓励学生就故事中的道德和价值观问题进行深入探讨，以此提高他们的即兴发言和逻辑论证能力。

3. 评估和反馈的改进

（1）教师应建立更具体的评价标准和反馈机制，以量化学生在批判性思维和口语表达方面的进步。

（2）教师可以采用同伴评价、自我评价和教师评价相结合的方式，让学生在评价过程中学会自我反思和相互学习。

"大学英语"课程思政教学案例
Learning about English

项菊仟

一、课程总览

课程名称：大学英语。

课程类型：大学英语通用英语课程。

课程目标：本课程旨在全面提升非英语专业学生的英语技能，包括听、说、读、写、译等。具体体现为能够有效地理解不同口音和语速的英语口语，包括日常对话、学术讲座和多媒体材料；能够自信地参与英语讨论，进行有效的沟通，流利地表达个人的见解；能够理解各种类型的文本并对其进行分析，包括文学作品、学术文章和专业资料；能够锻炼写作能力，清晰表达思想，使用规范的语言；能够养成自主学习的习惯，在课堂之外持续提高英语水平。此外，课程强调英语教育的人文性和实用性，通过多样化的语言材料和文化内容，提升学生的跨文化沟通技巧和综合文化素养。

授课对象：非英语专业一年级本科生（医学专业）。

授课学时：46 学时。

二、教学设计

（一）学情特点

本课程的授课时间是第一学年的第二学期。经过第一学期的学习和实践，学生对通用英语课程的要求和模式已经比较熟悉，完成了从高中英语以应试为主的学习模式到大学英语以实践和交流为导向的学习模式的转变；大部分学生已经通过了大学英语四级考试，并开始为大学英语六级考试做准备，在此过程中他们的语言水平得到了进一步的提高；学生们普遍具有较高的数字素养，对线上和线下相结合的混合教学模式适应性高，能熟练使用网络平台进行自主学习、作业提交和课堂互动等；通过第一学期的微课教学和实践活动，学生初步掌握了课堂演讲的基本技能，对如何制作高质量的 PPT 并完成课堂汇报已经有了切身体会。这些都为本学期的教学和实践计划的开展奠定了良好的语言和技能基础。

（二）案例简介

本案例授课内容出自《全新版大学高阶英语综合教程 2》中 Unit 6 Learning about English，包含两篇文章：Text A—The Glorious Messiness of English（《英语中绚丽多彩的杂乱无章现象》），Text B—Is English Changing?（《英语在变化吗?》）。两篇文章从不同角度深入探讨了英语如何从一个小岛的语言发展成为全球通用语言的过程，其作为全球通用语言的特点和影响，以及英语在历史长河中的演变、多样性和包容性。其中，Text A 为课堂精讲内容，Text B 为课后泛读材料。

大部分学生已经接触英语十多年，但普遍以应试为主，对这门外语背后的历史和故事了解不多。通过本单元的学习，学生不仅能够深入了解英语的发展历史和当前状态，还能够培养对语言变化的敏感性和理解力，为进一步的语言学习和应用打下坚实的基础。同时，教师可以通过各种教学设计，将汉语和英语从各个维度进行对比，引导学生进一步了解我们自己的母语——汉语的发展历史和当前状态，体会到中华文化和汉语的深厚底蕴、独特魅力和影响力，培养学生的文化自信，同时增强用英语讲好中国故事的使命感。

（三）教学目标

1. 知识目标

（1）了解英语的历史发展：掌握英语从古英语（Old English）到中古英语（Middle English），再到现代英语（Modern English）的演变历程，包括不同历史时期对英语词汇和语法的影响。

（2）认识语言的多样性：理解英语在全球范围内的多样性，包括不同地区和文化背景下的英语方言和变体。

（3）掌握语言变化的原因：学习导致语言变化的多种因素，如社会需求、技术革新、文化交流等。

（4）理解语言与社会的关系：使学生认识到语言不仅是沟通的工具，也是文化和社会身份的体现，更是社会发展和文明进步的反映。

2. 能力目标

（1）批判性思维能力：培养学生分析和评估语言变化及其背后原因的能力，让学生能够对传统的语言规范进行批判性思考。

（2）语言分析能力：提高学生识别和分析语言结构、用法和变化的能力。

（3）跨文化交际能力：通过理解不同文化背景下的语言使用，培养学生在不同语言和文化环境中有效沟通的能力，促进不同文化之间的理解和尊重。

(4) 研究和探索能力：鼓励学生自主研究语言现象，提出问题并寻找答案，培养其独立研究的能力。

3. 课程思政目标

(1) 语言多样性与包容性教育：通过英语的多样性，引导学生理解并尊重不同文化背景下的语言差异，促使学生形成开放、包容的心态。

(2) 历史与文化自信：通过中英文发展和演变过程的对比，引导学生认识到中华文化和汉语的深厚底蕴及独特魅力，以及汉语对英语的影响，培养学生的文化自信，强化学生对中华文化的自豪感和认同感。

(3) 全球化背景下的语言角色：认识英语作为全球语言对国际交流和合作的重要性，培养学生在全球化背景下维护和传播中华文化的意识，提升学习英语的积极性，引导学生学好英语，更好地用英语讲好中国故事。

(四) 教学内容

本单元课堂教学内容主要围绕 Text A—The Glorious Messiness of English 展开。文章介绍了英语作为全球第一语言的辉煌历程，从英语的起源、发展至现代英语，涵盖了古英语、中古英语及现代英语三个阶段的历史变迁，以及各时期对英语词汇和语法的贡献。相应的教学活动旨在通过探讨英语语言的起源、发展历程及其与其他语言的相互影响，使学生理解英语能够成为全球通用语言的深层原因，同时培养学生的跨文化意识和语言学习能力。具体内容包括：

1. 英语的历史与起源

(1) 介绍英语的起源和发展历程。

(2) 分析古英语、中古英语、现代英语等不同阶段英语的特点。

(3) 举例说明英语是如何从其他语言（包括汉语）中吸收词汇的。

2. 英语的包容性与多样性

(1) 讨论英语语言的包容性特点。

(2) 分析英语中的同义词、近义词现象，理解其多样性和丰富性。

(3) 通过实例展示不同语言背景对英语词汇和表达方式的影响。

3. 历史与文化对语言的影响

(1) 探讨历史事件对英语发展的影响（如外族入侵、宗教传播、文艺复兴等）。

（2）分析文化交流和融合如何丰富英语语言并促进其发展。

（3）举例说明不同文化背景下的英语词汇和表达方式。

4. 英语在全球的应用与影响

（1）介绍英语作为全球通用语言的重要性。

（2）分析英语在科技、教育、文化等领域的应用。

（3）讨论学习英语对个人成长和国际交流的意义。

5. 汉语在全球的应用和影响

（1）比较英汉两种语言的发展、借用和融合过程。

（2）讨论说明汉语在海外的传播和使用情况。

（3）探讨语言在文化交流和全球化中的作用，青年一代如何更好地用语言传播中华文化。

（五）教学方法及手段

本课程采用线上与线下相结合的混合教学模式，充分利用数字化资源，提高课堂教学效率，并确保学生在教学过程中的主导地位。

（1）课堂讲授：通过 PPT 展示、教师讲解等方式，系统介绍英语的起源、历史、包容性等特点。

（2）案例分析：选取具体的历史事件或文化现象，分析其对英语发展的影响。

（3）小组讨论：分组讨论不同语言对英语的影响，分享各自的观点和见解。

（4）主题演讲：每组选择一个语言借用的案例，准备并进行简短的演讲展示。

（5）词汇拓展：通过游戏、测试等形式，引导学生积累英语词汇，感受英语语言的魅力。

（6）课外阅读：推荐相关书籍、文章或视频资料，鼓励学生自主阅读和观看，拓宽知识面。

（六）教学过程

本课程以教材为依托，将线下课堂和超星学习通平台有机结合，充分利用课前、课中、课后三个学习阶段，形成一个有效的学习闭环。以本单元为例，单元教学计划为期两周，包括四个课时的课堂教学和两个课时的自主学习，具体安排和教学过程如表 1-2。

表 1-2 课程具体安排和教学过程

教学环节	教学内容	设计意图
课前	(1) 教师通过超星学习通平台发布 Text A 词汇学习资料，学生自主学习，并完成相应的词汇测试 查看试卷 B2 U6 Text A 词汇课前测 创建人：张之薇 | 题量：20 | 满分：100 分 一、填空题（共20题，100分） 1、The company's ______ mission, claimed its CEO, is to help patients with memory loss.（5分） 2、Tourism has ______ agriculture as the nation's main industry.（5分） 3、The organization works on the ______ that all members have the same rights.（5分） (2) 利用网络资源查询和收集作者信息、文章出处等	• 掌握重点词汇，为理解课文扫清词汇障碍 • 初步了解作者教育背景、个人经历、写作特点等信息，为理解文章写作目的、语言风格等做好铺垫
课中	准备活动（Warm-up） (1) 教师向学生提问：How much do you know about English language? (2) 教师对英语的历史、发展、现状和特点做简要介绍，强调英语词汇来源的丰富性，并联系医学英语的学习 (3) 教师详细介绍文章作者信息  	• 了解学生在学习了多年英语后对这门语言的认识，包括其发展历史、词汇数量、使用范围、特点等 • 引导学生认识到，语言学习不只包括词汇和语法，还包括语言背后的相关历史和文化 • 通过匹配游戏了解某个英语单词来源于何处，富有趣味性，激发学生探索词汇来源的兴趣 • 介绍医学英语术语来源的相关知识和数据，帮助医学生提前了解专业英语的特点和学习难度 • 帮助学生了解作者是什么样的人、有什么样的经历、为什么要写这篇文章，才能更好地理解课文内容，体会作者在字里行间透露出的深意

续表

<table>
<tr><th>教学环节</th><th>教学内容</th><th>设计意图</th></tr>
<tr>
<td>课中</td>
<td>
课文学习（In-reading）
（1）课文结构分析：教师引导学生对文章进行速读，梳理出课文的整体结构和写作思路
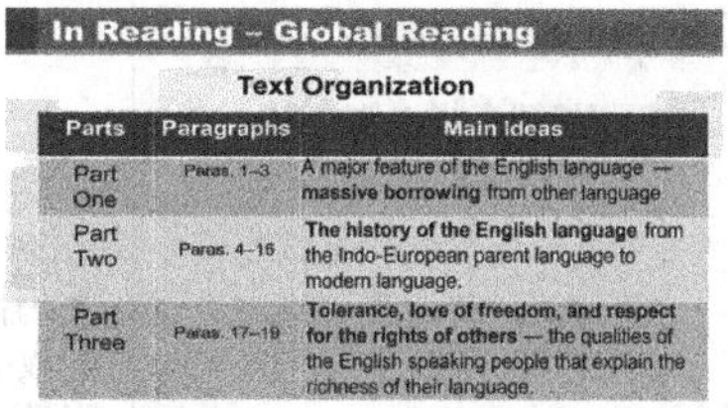
In Reading – Global Reading
Text Organization
<table>
<tr><th>Parts</th><th>Paragraphs</th><th>Main Ideas</th></tr>
<tr><td>Part One</td><td>Paras. 1–3</td><td>A major feature of the English language — massive borrowing from other language</td></tr>
<tr><td>Part Two</td><td>Paras. 4–16</td><td>The history of the English language from the Indo-European parent language to modern language.</td></tr>
<tr><td>Part Three</td><td>Paras. 17–19</td><td>Tolerance, love of freedom, and respect for the rights of others — the qualities of the English speaking people that explain the richness of their language.</td></tr>
</table>
（2）课文重难点讲解：教师带领学生探索英语发展的三个历史阶段，剖析英语丰富性和包容性背后的文化土壤
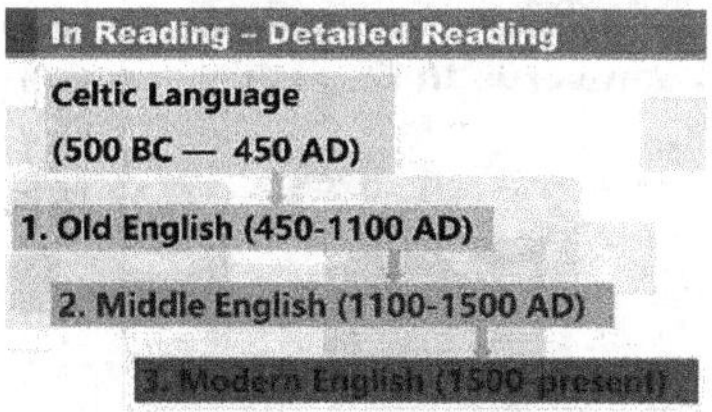

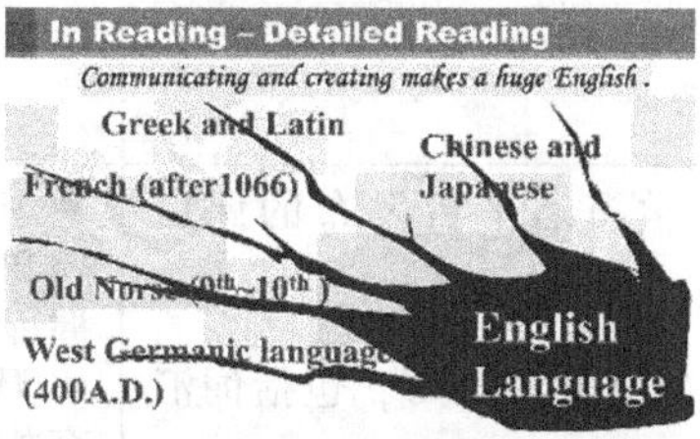

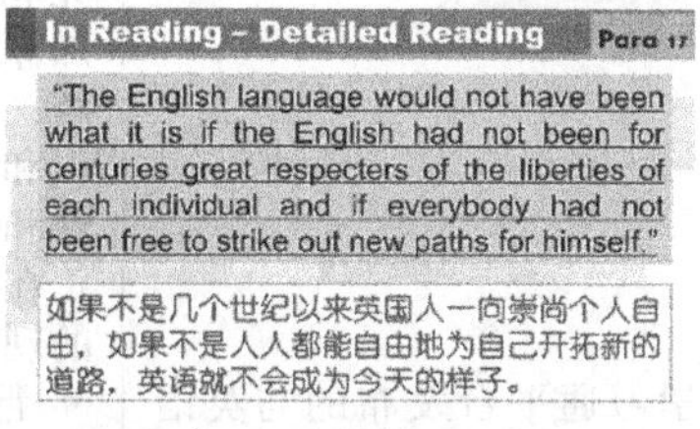

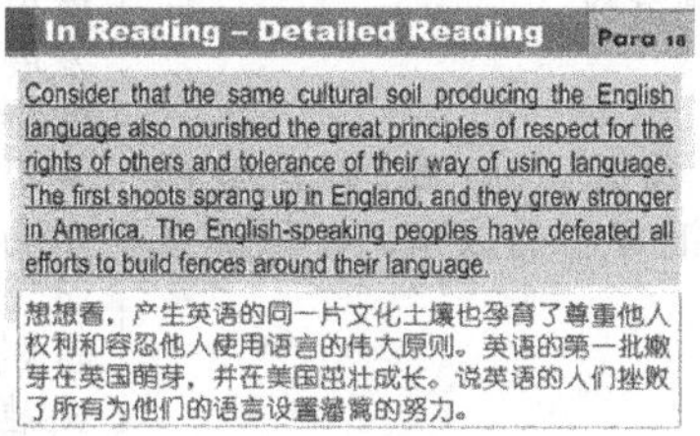

</td>
<td>
● 提升学生的文章速读能力，引导学生从宏观方面观察作者的整体布局和思路

● 使学生了解英语语言的起源和发展历程，引导学生欣赏英语语言的魅力，进一步激发其学习这门外语的兴趣和动力
● 文章强调了英语的包容性和开放性，这种精神可以映射到个人和社会层面，培养学生的包容心态和开放思维，在面对多元文化时，能尊重不同观点和差异，培养全球视野和跨文化交流能力
</td>
</tr>
</table>

续表

<table>
<tr><th>教学环节</th><th>教学内容</th><th>设计意图</th></tr>
<tr><td>课中</td><td>拓展活动（After-reading）
教师举例介绍英语中来自汉语的 loanword（借词，外来词），并分析这些词的特点
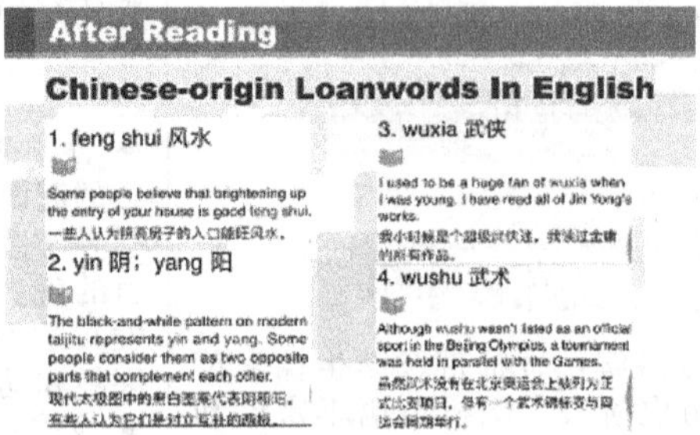

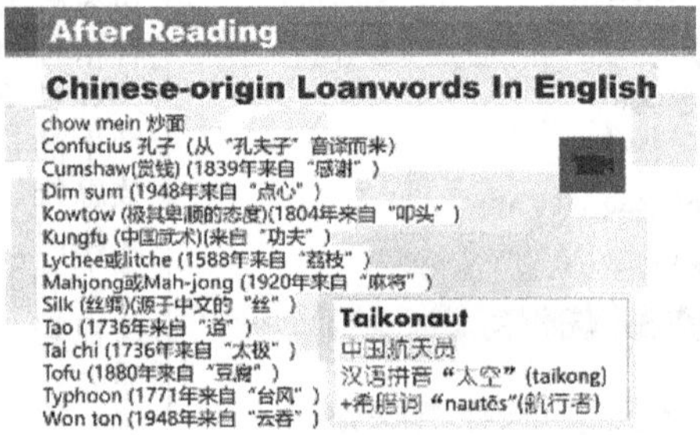
</td><td>• 引导学生既要认识到汉语和中华文化的影响力，培养文化自信，也要认识到继续弘扬中华优秀传统文化的重要性和迫切性，鼓励他们成为具有全球视野和跨文化交流能力的文化传承者和传播者</td></tr>
<tr><td>课后</td><td>（1）学生完成超星学习通平台发布的课后练习

（2）学生自主完成 Text B 的学习，包括词汇学习和课文理解

（3）学生观看超星学习通平台发布的与英语发展历史相关的视频资料

（4）学生以小组为单位收集汉语中的 loanwords 及这些词汇背后的故事，并做课堂展示</td><td>• 检测学生对课文内容和相关语言点的掌握程度
• 帮助学生进一步扩充相关主题的词汇，加深对语言变化的理解，在多个层面上认识和欣赏语言的动态性和多样性，对他们正在学习的英语语言的现状有更好的了解
• 帮助学生从不同角度更好地理解英语的发展历史和不同阶段的特点
• 了解我们日常生活中的外来词的来龙去脉，通过实例感受语言的互动和文化的交融</td></tr>
</table>

（七）教学反思

在本单元 Learning about English 教学内容的实施与课程思政元素的融入过程中，有以下几点反思。

1. 教学目标达成情况

本单元教学通过分段讲解英语的历史、包容性、文化影响及全球应用等方面，使学生对英语语言的整体面貌有了较为全面的认识。在学习本单元之前，大部分学生对英语的历史没有清晰的了解；在完成本单元学习后，大部分学生可以说出英语的三个主要发展阶段，能够简述各阶段英语的主要特点和影响，并认识到了解词汇背后的故事能够帮助自己更好地理解词汇的内涵和用法。这样有助于增加语言学习的趣味性，基本实现了本单元的教学目的。未来教学中可以进一步优化各个知识点的串联，确保每个部分之间的过渡更加自然流畅，方便学生记住更多的知识点。

另外，通过教学，学生普遍形成了对语言多样性的尊重和包容心态，对中华文化和汉语的深厚底蕴有了更深的认识，文化自信显著增强。但如何将这种自信转化为实际行动，如用英语讲好中国故事，仍需要进一步引导和激励。今后可以通过模拟对话、角色扮演、英文写作、参加相关比赛等实践活动来提升学生的语言应用能力和跨文化交际能力，从而更好地用英语传播中华文化。

2. 教学方法与手段

线上与线下相结合的混合教学模式有效提高了课堂教学效率，大部分学生表现出较高的学习热情和积极性，能够主动参与课堂活动和课外自主学习，但也存在部分学生线上自主学习参与度不高、完成不及时、完成质量参差不齐的问题。未来需加强对线上自主学习的监督和管理，确保每位学生都能充分参与线上学习活动。

本单元教学采用了课堂讲授、小组讨论、案例分析等多种教学方法，但仍有提升空间。未来可以尝试引入更多创新教学手段，如情景模拟、角色扮演、在线互动等，以提高学生的学习兴趣和参与度。同时，建立多元化的评价体系，不仅关注学生的学习成绩，还关注他们的学习态度、实践能力、跨文化交际能力等的发展。

"大学英语"课程思政教学案例
The Human Touch

顾亚琳

一、课程总览

课程名称：大学英语。

课程类型：大学英语通用英语课程。

课程目标：大学英语课程是通识教育的关键组成部分，旨在连接高中英语与学术英语，并全面提升学生的英语实际应用技能。课程由听力、口语、阅读和写作四个模块精心构建而成，致力于巩固学生顺利通过大学英语四级考试所需的语言基础。同时，课程内容融入了人文关怀和人性光辉，借助多样化的语言材料和多元文化视角，致力于提升学生的跨文化沟通技巧和综合人文素养。

授课对象：非英语专业大学一年级本科生（医学专业）。

授课学时：36 学时。

二、教学设计

（一）学情特点

本课程的授课对象是大学一年级非英语专业医学生。他们具有以下特点：刚入学的新生，对学习充满好奇和探索精神，态度积极，对英语学习有较强的动力；大多数学生，高考英语成绩在 120 分以上，具备 3 000~4 000 的词汇量，阅读能力较强，但听力、翻译和口语能力相对薄弱；语言输出能力较弱，思辨能力不强；具有较高的数字素养，能够适应多媒体和网络辅助的混合式教学模式；熟练使用网络平台进行英语学习、作业提交和课堂互动；普遍具有强烈的民族自豪感，但在实现个人理想和践行国家使命方面可能需要更多的指导。

（二）案例简介

本案例授课内容选自《全新版大学高阶英语综合教程 1》中 Unit 4 The Human Touch，主题聚焦于"kindness"（善良）。其中，Text A—The Last Leaf（《最后一片叶子》）是美国著名作家欧·亨利的短篇小说。作为精读材料，讲述了一位贫困的老画家贝尔曼先生，在风雨交加的夜晚，为了鼓励一名患有肺炎的年轻学生琼西，勇敢地爬上墙头，绘制了一片常春藤叶，最终不幸因肺炎去世的感人故事。这篇作品以其对小人物命运和情感的细腻描绘，展现了人性的真实、善良和美好。Text B—Night Watch（《守夜》）则作为泛读材料，供学生自学。

除了语言知识和技能的学习，本课的教学还深入挖掘了文本中所蕴含的人性之美。我们以此为出发点，引导学生在日常生活中对他人展现善意。结合学生们未来可能从事的医务工作，培养他们乐于奉献的职业精神，帮助他们树立正确的职业观念。同时，鼓励学生欣赏并学习中国传统文化中的美德思想，如“兼爱”“厚德载物”“上善若水”“仁者爱人”等，增强他们对中国传统价值观的自信，提升他们讲述中国故事的能力。

（三）教学目标

1. 知识目标

（1）使学生能够理解和掌握本单元的重点词汇和句型，特别是与主题“善良”（kindness）相关的英文表达：compassionate，empathetic，benevolent，amiable 等。

（2）使学生了解美国著名短篇小说家欧·亨利的生活经历、写作风格以及他的代表作品，如《最后一片叶子》《麦琪的礼物》《警察与赞美诗》。

（3）了解记叙文（小说）的要素及写作手法。

2. 能力目标

（1）提升学生对小说的分析和鉴赏能力，包括对《最后一片叶子》的线索分析，欧·亨利式结尾及小说中人物性格特征的展现方式。

（2）培养和锻炼学生的批判性思维能力，引导他们思考善良是否有其应有的界限。

（3）写作关于人物的记叙文。

3. 课程思政目标

（1）引导学生在日常生活中积极展现对他人的善意，培养他们良好的道德品质。

（2）结合学生未来可能从事的医疗行业，培养他们乐于奉献的职业精神，并帮助他们树立正确的职业观念。

（3）鼓励学生深入学习和欣赏中国传统文化中的美德和思想，增强他们的文化自信，提升其“讲好中国传统文化故事”的能力。

（四）教学内容

"The Last Leaf" 这篇小说是欧·亨利的代表作品，情节引人入胜，人物性格突出，还有着典型的欧·亨利式结尾。小说呈现出的人性的伟大、善良令人动容，对学生的道德观、职业观念都会产生一定的影响。因此，本课的教学内容主要包括：

（1）故事梗概与结构分析：探讨小说的情节发展，分析七个主要场景及其中的人物和事件，以理解故事的脉络。

（2）标题与主题探讨：讨论为何故事以 "The Last Leaf"（最后一片叶子）为名，以及故事中其他重要的线索，包括医生的三次访问、汤、那不勒斯海岸，以及贝尔曼先生的杰作等。

（3）人物性格分析：分析小说如何通过情节和对话展现主要人物的性格特征，以及这些特征如何推动故事发展。

（4）道德观念与现实生活联系：讨论在现实生活中如何表达善意，以及善良是否有其应有的界限；讨论医务工作者的职业精神，包括"敬佑生命、救死扶伤、甘于奉献、大爱无疆"的价值观。

（5）古代道德观的赏析：赏析和理解与善良相关的古代道德观念，探讨其在当代社会的意义和应用。

（五）教学方法及手段

本单元的教学计划为期两周，每周安排两课时，共计四课时。为了充分利用数字化资源，提高课堂教学效率，并确保学生在教学过程中的主导地位，单元教学采用了线上与线下相结合的混合教学模式。在教学内容的组织上，教师采用了"产出导向法"（production-oriented approach，POA），在本单元开始就给学生布置单元产出任务，即为校英文报"善良的心"栏目创作一篇讲述医生陶勇的记叙文。为了完成这个任务，教师遵循了"驱动—促成—产出—评价"的教学流程，同时综合运用了多种教学方法，包括但不限于讲授、讨论、小组合作、在线自学以及翻转课堂等，以帮助学生深入理解问题，促进他们进行有效的知识输出和应用。通过这种多元化的教学策略，教师期望激发学生的学习兴趣，培养他们的批判性思维能力，并提高他们解决实际问题的能力（表 1-3）。

表 1-3　批判性思维和问题解决能力培养的具体方法和手段

具体方法	手段
师生互动 (Interaction)	教师检查课前预习任务，即词汇在线学习和关于小说主要情节的练习，帮助学生掌握小说的脉络，问答、小测等师生互动方式贯穿整个单元的学习
讲解说明 (Elucidation)	欧·亨利的小说特点，小说的核心要素，以及小说相关语言点的讲解
课堂讨论 (Discussion)	“The last leaf” 和其他相关线索；小说主要人物性格特征的刻画
辩论和技能训练 (Skill Development)	播放“All about Kindness”音频，辩论善良是否应该有界限
影音介入 (Audio & Video)	播放“Mr. Indifference”“仁”“陶勇医生”相关视频片段，并组织学生对此进行深度思考和讨论
类比思考 (Comparative Lenses)	中国传统价值观中关于“善”的表达，探讨其在传承和在当今社会中的意义和作用
课堂展示 (Class Presentation)	组织学生进行小组讨论、辩论和问答等，在动态合作的语言实践过程中，相互学习，共同提高

（六）教学过程

表 1-4 为《最后一片叶子》具体教学安排，学习结束后请学生完成单元项目：为校英文报“善良的心”栏目创作一篇关于医生陶勇的记叙文。

表 1-4 为《最后一片叶子》具体教学安排

教学环节	教学设计	任务描述	设计意图
课前	预习	（1）通过超星学习通平台自学词汇 （2）预习课文，完成课后练习一 （3）观看超星学习通平台上关于作者的视频，自主查询作家及作品相关资料，准备课堂 mini-presentation	• 掌握重点词汇 • 了解故事的主要人物和发展脉络 • 熟悉作家背景和写作特点
课中	驱动	课前词汇小测：超星学习通平台 组队活动：看视频回答问题，并自然引入本单元主题 kindness 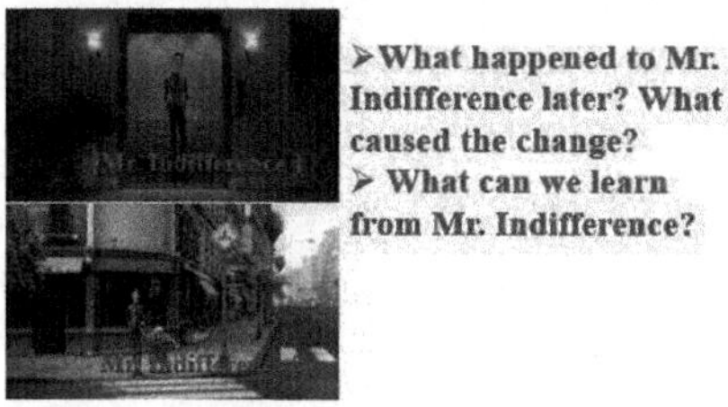	• 检验词汇自主学习情况，为阅读文章做好准备 • 激发学生兴趣，引发学生对主题的思考：生活中我们到底是否要对他人保持善意？

续表

教学环节	教学设计	任务描述	设计意图
课中	促成	小组 mini-presentation 展示： (1) 小组代表介绍欧·亨利的生活经历，作品和写作特点 (2) 教师进行信息的补充和反馈 互动式课文阅读： (1) 讲授短篇小说核心要素（main elements of a short story）：plot，characters，point of view，setting，climax，theme and the methods to develop the theme，小说的七个主要场景（settings）及主要事件（plots） (2) 分场景阅读小说，在阅读时思考：小说中的主要人物是谁？他们之间的关系如何？小说中的主要冲突是什么？这些冲突是如何解决的？小说中有哪些重要的象征或意象？它们的意义是什么？尤其是题目为什么是"The Last Leaf"？结合问题和讨论引导学生理解情节和角色；理解欧·亨利式的小说结尾	通过学生展示和挖掘文本，实现语言能力目标和学科育人目标 • 了解欧·亨利的基本信息及写作特点 • 了解小说的核心要素，带着这些要素阅读小说，充分理解小说内容 • 提高学生对小说的鉴赏能力，尤其是"the last leaf"和"masterpiece"等意象的象征意义和作用；这个"surprising ending"对人物塑造的作用 • 培养学生公共演讲、分析归纳及合作学习的能力
	产出	小组合作学习： 观看小视频（对应书上 Paras. 9-21），每个小组选择一个人物（Sue，Johnsy，Mr. Behrman），分析讨论人物的性格特征及文本中的相关支撑材料，制作思维导图（关注点：individual relationship，age，gender，appearance，voice，first goal，habits，strengths，flaws ...）	• 通过感知琼西从懦弱到勇敢，贝尔曼先生粗犷外表下的"善良本性"，朋友苏对琼西的耐心照顾和鼓励，培养学生的同理心，引导学生在生活中对他人保持善意
	评价反思	作业： (1) 借助 kimi 人工智能工具进行反馈，修改完善思维导图，并上传到超星学习通平台 (2) 小组互评，老师给每小组提出反馈建议	• 学会评价反思，进一步学习如何刻画人物性格，感受小人物的善意

续表

教学环节	教学设计	任务描述	设计意图
课中	驱动和促成	听力和讨论： （1）听音频“All about Kindness ”，进行填空练习。 （2）总结学生思维导图作业，展示学生关于贝尔曼先生的优秀思维导图，并让学生思考并讨论：Is it worthwhile for Mr. Behrman to sacrifice himself to save Johnsy's life?	• 进一步加深对主题的理解，善意可以从身边点滴的小事做起 • 激发学生的兴趣，培养其批判性思维的能力 • 为后面的辩论搭建脚手架，从不同角度进行考虑：individual values, social contributions, life equality, personal freedom …
	产出	辩论： 辩题为 Should kindness have its boundary or not? 全班分为正反两方，先进行小组讨论，随后正反两方各选出 3 个代表进行辩论 翻译和讨论：“仁” （1）How do you understand “仁” in Chinese culture? （2）How does *ren* contribute to a harmonious society and world peace in modern times: 视听说： （1）How much do you know about Doctor Tao? （2）What can you learn from his story? （3）If you were him, will you give up medical career? Why or why not?	• 通过听力、口语和翻译等多样化的语言练习，全面提升学生的语言表达和理解能力 • 提升学生独立思考和批判性思维的能力 • 增强学生对传统文化的认同感和自信心，传承中华民族的传统美德 • 引导学生树立正确的职业理想和价值观
课后	驱动	任务： （1）完成超星学习通平台上的习题 （2）汉译英练习：ancient Chinese quotes and sayings about kindness——“兼爱”“厚德载物”“上善若水”“仁者爱人”等 （3）写作实践：讲述陶勇的故事，提交超星学习通平台。提交后通过自评、互评、教师评价（有自己设计的评价量表）、kimi 评价进行修改，保留修改痕迹，再次上传到超星学习通平台。终稿投稿到学校英文报“善良的心”人物专栏 自学： （1）自主阅读 Text B，完成课后练习 （2）自主阅读材料，“Characterization Examples: 5 Ways to Reveal Characters”“ Character Arc-template: 5 Steps to Strong Character arcs” （3）自主阅读陶勇的两本书：《目光》《自造》	• 巩固上课所学的语言知识和写作内容 • 进一步学习如何刻画人物 • 了解真实的医生生活，增强职业理想和信念

（七）教学反思

本单元设计基于“文化育人”的理念，是全过程思政育人的一次微观实践，课程内容注重价值引领，通过优化教学模式将思政理念贯穿于知识、能力和素养的课程目标与教学全程。此外，学生通过小组展示、话题讨论和辩论、翻译等形式汇报检验学习成果，提升思辨精神、创新思维和表达能力。

同时，经过反思，本设计还有一些改进的空间。

（1）拓展英译汉练习：原课后任务中的“英译汉练习：quotes and sayings about kindness”可以进一步拓展为一项更加深入的文化体验活动。具体来说，可以要求学生在课后录制英文视频，讲述与“兼爱”“厚德载物”“上善若水”“仁者爱人”等中国传统文化美德相关的古代人物故事。这样的活动不仅能够锻炼学生的语言技能，还能加深他们对中国文化的理解，提升他们对中国文化的传播能力，同时也能够培养学生的公共演讲和表达能力。

（2）优化课堂讨论和展示环节：针对课堂讨论和展示环节中时间有限，部分学生参与度不高的问题，可以探索使用在线互动工具来增强学生的参与感和积极性。例如，利用在线投票系统来收集学生对讨论话题的意见，或者使用在线讨论板来提前收集学生的观点和问题，从而在课堂上进行更有针对性的讨论。此外，可以设置一个在线展示平台，让学生有机会在课后继续展示他们的学习成果，并利用写作评价量表对自己的学习成果进行打分（表 1-5）。这样不仅能够增加学生的展示机会，也能够让更多的同学参与到评价和反馈的过程中来。

（3）数字赋能提高学习效率：在本单元的学习中，我们通过数字赋能策略全面提高了学生的英语能力。课前，我们为学生提供了预习词汇和背景资料，确保他们对即将学习的内容有初步的了解。课堂上，我们利用在线词汇测试来检验学生的预习效果，并收集反馈以优化教学。课后，我们布置了写作任务和补充学习资料，以巩固和深化学生的知识。虽然目前我们对人工智能工具的应用还比较基础，但我们将引入更多如 i-write 和 i-speak 等专门针对写作和口语的工具，以辅助学生更有效地提升英语水平。我们致力于不断优化人工智能工具的使用，以促进学生的英语学习和能力的提升。

表 1-5　写作评价量表

Items of assessment	Description	Score
Organization and style	The writing is organized in a clear and coherent way	20 points
Content	The person is vividly characterized by details, to name a few, individual relationship, age, gender, appearance, voice, first goal, habits, strengths, flaws ... All the characterizations contribute to the person's distinctive personality	40 points
Language	The writing is free of misspellings; words are capitalized correctly; sentences are punctuated correctly without run-on sentences or fragments; the tense is used correctly	40 points

“继续教育英语”课程思政教学案例
Food

徐　楠

一、课程总览

课程名称：（专升本）英语。

课程类型：高等学历继续教育公共基础课。

课程目标：课程遵循学校高等学历继续教育人才培养方案和学习大纲的有关要求，适应成人在职学习需求和认知规律，巩固学生语言基础知识，提高和拓展学生的英语实际应用能力。课程兼顾语言工具性与人文性，在增强学生综合文化素养的同时，发挥思想政治教育和价值引领功能。

授课对象：专升本医学类专业一年级本科生。

授课学时：50 学时（线上 20 学时，线下 30 学时）。

二、教学设计

（一）案例简介

本案例授课内容出自《新发展英语（综合教程）2（第二版）》中的 Unit 8 Food。本单元主要介绍中国菜肴烹饪及其国际传播、中餐和西式快餐对比及健康饮食理念。教学案例主要包括：① 中国烹饪艺术的悠久历史及传统儒道哲学对中国饮食的影响；② 美国最常见的中餐菜系介绍（广东菜、北京菜、上海菜、四川菜和湖南菜）；③ 遍布世界各地的中式饮食的健康优势（地道的中餐控制肉类使用量并使用多不饱和油类烹饪，而不是奶油、黄油或奶酪等乳脂配料，以减少动物脂肪摄入量；健康艺术的方式烹制新鲜、美味的蔬菜）；④ 西式快餐对健康的负面影响。

（二）教学对象特点

本课程授课对象为高等学历继续教育专升本医学类专业一年级学生。具体学情如下：

（1）基础知识与能力：学生通过了江苏省成人高校招生统一考试，大约具有 2200 单词的词汇量，课文中的生词和需要讲解的语法知识点较多。学生基本能够听懂中英文双语授课，并使用英语简单交流和发表观点。学生在英语词汇、语法和语言组织运用方面较为薄弱。教师应基于成人在职学习需求和认知规律，巩固学生的语言基础知识，并进一步拓展学生的语言应用能力。

（2）数字媒介素养：作为在互联网影响下成长起来的一代人，学生整体能够适应通过多媒体、网络等辅助手段开展的混合教学模式；能够熟练运用网络教学平台和数字软件自主学习英语、提交作业、进行课堂互动等。

（3）学习动机：成人学生学习目标明确，大多数学生能够按照要求完成自主学习和复习，课堂能够参与教师的教学活动，并完成教师布置的学习任务。然而少部分学生对英语语言的学习意愿不强，积极性不高。多数学生习惯于中学至大专阶段以应试和刷题为导向的英语学习方法，虽注重语言但是缺乏对课文篇章所承载的文化和社会因素的重视及对文本阅读中观点、态度辨析的敏感度，需要教师的引导。学生愿意接受新鲜事物，但是语言知识储备和文化底蕴不够丰厚。课程需兼顾语言工具性与人文性，发挥好思想政治教育和价值引领功能，不断增强学生用英语讲好中国故事和传承中华优秀传统文化的意识和能力。

（三）教学目标

1. 单元总体教学目标

本单元旨在通过中国饮食文化的教学，培养学生的文化自信和民族自豪感。首先，梳理中国不同地域主要菜系，让学生认识到中华饮食文化的深厚底蕴和哲学内涵，从而增强文化认同感。其次，通过比较中餐和西式快餐文化差异，引导学生思考健康饮食的重要性，培养他们良好的饮食习惯和生活方式。再次，本单元注重培养学生的国际视野，通过讲述中国饮食文化在美国等世界各地的传播和影响，激发学生的爱国情怀和文化传承意识。最后，将课文内容与学生的医学专业知识背景相结合，探讨饮食与健康的关系，引导学生批判性分析和评价中餐和西式快餐，提高专业素养和社会实践能力。通过这些教学活动的开展，落实立德树人、教书育人的核心教育理念。

2. 单元具体教学目标

（1）知识目标：学生能够掌握与中国饮食文化相关的英语词汇和表达方式；能够了解不同地域菜系的特点和烹饪方法、中国饮食文化的悠久历史和哲学内涵；能够认识到海外中餐的流行对中华优秀传统文化传播的促进作用以及中餐对健康饮食的重要作用。

(2) 能力目标：学生能够运用批判性思维分析和评价中国饮食文化中的健康理念和西式快餐饮食方式的潜在问题；能够在跨文化背景下进行有效沟通和交流，表达自己对中餐和西式快餐文化的看法和理解。能够通过课前预习、课堂参与和课后复习，提高自主学习和终身学习的能力；能够提升英语阅读、翻译和口笔表达能力。

(3) 课程思政目标：学生能够增强对中华饮食文化的价值认同，培养文化自信和民族自豪感；能够树立健康饮食的观念，理解平衡饮食对疾病预防和健康促进的作用；能够认识到自身作为未来的医务工作者在推广健康饮食和提升公众健康意识中的责任和作用。

(四) 教学内容

本单元以中国饮食文化为核心教学内容，涵盖了中国菜系的多样性、烹饪艺术、饮食健康以及传统与现代饮食观念的结合。通过介绍中国八大菜系——鲁菜、川菜、粤菜、闽菜、苏菜、浙菜、湘菜和徽菜，学生能够了解到不同地域的食材选择、烹饪方法和风味特点。同时，课文还深入探讨了中国饮食文化中的健康理念，如食物的色香味俱全、营养均衡及医与食相辅相成的传统知识。此外，单元内容还通过对美国常见的中餐菜系梳理以及中餐与西式快餐饮食文化的比较，引导学生认识到中国饮食文化的独特价值和海外影响力。

(五) 教学方法及手段

本单元采用基于 BOPPPS 教学模式的混合式教学。学生在课前和课后完成线上自主学习任务。教师抽查课前预习任务，通过问答、测验等方式进行师生互动；课堂上借助多媒体课件进行讲授、分析和讨论；使用网络教学平台和数字化软件支持教学活动和评估。

(六) 教学过程

本单元所采用的 BOPPPS 教学模式将课程教学活动分为以下阶段：导入（Bridge-in）、目标（Objective）、前测（Pre-assessment）、参与式学习（Participatory Learning）、后测（Post-assessment）和总结（Summary）。通过线上和线下结合对课堂教学进行了有效拓展。表 1-6 为本单元教学安排。

表 1-6 单元教学安排

教学环节	具体步骤	方法阐述	思政要素融入	评价方式
导入阶段	学生在课前完成课文预习、自主阅读（《舌尖上的中国》美食英语系列）和视频学习片段（《品味中国》）。总结《舌尖上的中国》和《品味中国》当中不同地域的饮食特色，展示中国特色菜系图片及翻译，引入饮食文化主题及相关英语表达	线上自主学习和师生互动	了解中餐烹饪的独特价值和海外影响力	教师评价
目标明确	介绍教学目标，了解中国菜肴的多样性和烹饪艺术；探讨地道中餐的健康饮食观念；批判性分析西式快餐饮食方式的潜在问题	讲解说明	增强中式饮食文化认同感	学生评价
前测分析	收集学生对中餐和西式快餐文化以及营养健康的现有知识和观念	在线问卷调查和归纳	认识到健康饮食理念对疾病预防和健康促进的作用	教师评价
内容讲授	结合教材内容，完成课文阅读理解和结构分析练习。讲解中国饮食文化的历史，以及不同地域饮食特色。结合哲学思想和中医理论，讲解食物的性质（寒、热、温、凉）和对人体健康的影响。讨论如何通过合理的饮食预防疾病和辅助治疗疾病。引导学生思考如何在现代社会中传承和发展健康的饮食文化。教师根据学生在课堂上的表现，如提问、回答问题的质量和深度，评估学生对单元教学目标的掌握程度	课件讲解说明；师生互动	了解中国饮食文化的悠久历史和哲学内涵	教师评价
互动参与	小组完成课文内容相关思维导图制作，并交流中餐菜名及其烹饪方法的英文表达，讨论中国菜系与健康的关系。结合中国饮食文化中的食材和烹饪方法，分析食物的营养成分，理解均衡饮食的重要性。鼓励学生借助生成式人工智能软件增加课堂讨论的活跃程度，在进行批判性分析的基础上，积极表达自己对课文内容的理解	思维导图；小组协作；生成式人工智能；课堂讨论与展示	树立健康的饮食观念	教师评价；生生互评

续表

教学环节	具体步骤	方法阐述	思政要素融入	评价方式
实践活动	小组完成中餐菜肴相关主题汇报，探讨饮食文化，锻炼表达能力。主题汇报要求学生分析并提出自己的观点和解决方案，评估他们的理解和应用能力。小组自主选择的主题汇报可以分析中餐的典型菜肴，研究其对特定健康状况（如心血管疾病、糖尿病等）的影响；讨论中国饮食中的药膳概念，探讨食物与药材结合对健康的影响；探讨不同烹饪方法对食物营养成分的保留或破坏等。鼓励学生参与跨学科研究，将医学、营养学和中国饮食文化结合起来，探索新的健康饮食模式，引导学生从不同角度理解单元教学主题	任务驱动；自主探究	认识到自身作为未来的医务工作者在推广健康饮食和提升公众健康意识中的责任和作用	教师评价；生生互评
后测评价	通过小组汇报展示和课后任务点技能练习深化学生对本单元重要内容的理解和掌握，评估学生的语言应用能力。要求学生撰写文章摘要或反思性日记，考察他们如何将单元内容与自身专业背景和个人经验相结合。鼓励学生进行自我评估和小组互评	课堂操练	培养批判性思维	教师评价；生生互评
课程总结	回顾单元学习要点，巩固学习成果，强调中国饮食文化的独特性和对世界饮食文化的贡献。结合医学类知识，讨论中国传统饮食中的健康理念，如“药食同源”，引导学生形成科学的健康观念。培养学生的沟通和宣教能力，期望他们通过社区服务、网络媒介等形式，提高公众的营养健康意识	归纳总结和评析	树立文化自信；助力“健康中国”建设	师生互评

教学设计见图 1-1。

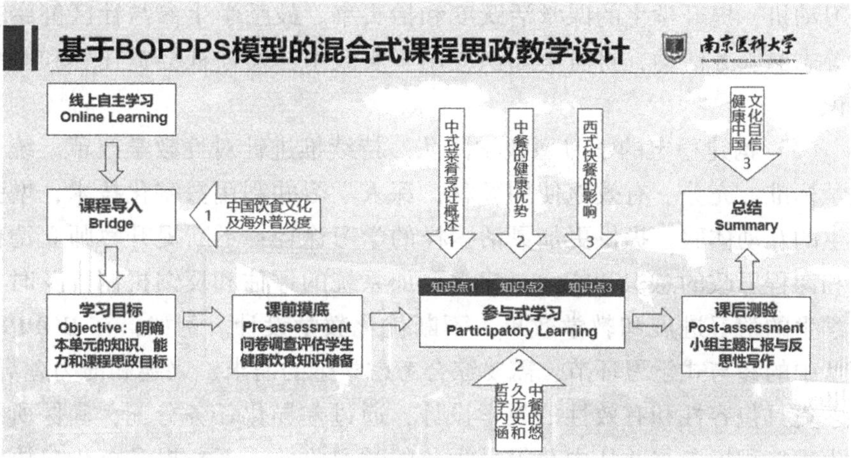

图 1-1　基于 BOPPPS 模型的混合式课程思政教学设计

（七）教学反思

1. 教学设计创新点

（1）本课程采用的 BOPPPS 教学模式是以建构主义和交际法为理论依据，强调学生参与和反馈的闭环教学过程模型。将该教学模式融入高等学历继续教育英语课程中，可以细致地设计每个阶段，确保教学活动既符合语言学习的特点，又能够针对成人专升本医学生学习特点和职业生涯发展设计教学过程和练习内容，激发学习兴趣和内驱力。该课程设计借助多媒体和网络资源等数字化媒介，将生成式人工智能融入课堂教学中，并根据学生反馈和学习成果，不断调整教学策略，确保教学活动的有效性，让学生能够在语言学习中应用专业知识。

（2）采用线上和线下相结合的混合教学模式，将人文素养和思政教育元素融入课程教学中，采用自主学习、小组讨论、案例分析、小组汇报和反思性写作等形式，将单元主题与医学类专业学生的背景知识相结合，提高学习的互动性和实践性，引导学生从专业角度理解中国饮食的健康价值、个人饮食习惯与文化传承的关系，增强文化自信和专业自信。

2. 改进方向

（1）进一步整合医学、营养学等相关学科资源，改进教学内容，使课程更加丰富、全面。探索更多的教学方法，如案例教学、翻转课堂等，以适应不同学生的学习风格和需求。丰富教学资源，保证线上自主学习材料的质量与线下课堂学习效果，促进混合式教学的协同融合，进一步激发成人专升本学生的求知欲、探索欲，拓宽学生的视野，提升学生的学习动机，提升学生的课堂活跃度和抬头率。鼓励学生参与社区健康教育等志愿服务活动，将所学知识应用于实践中，增强社会责任感和服务意识。

（2）构建稳定的学习型教学团队，持续推进针对性教学改革。统一教学标准，充分、有效地使用教材；深入学习并利用数字化技术，增强学生的互动体验，提供更加灵活多样的学习途径；不断提升教师立德树人和课程思政的意识和能力；建立更加系统的评估和反馈机制，及时了解学生的学习进展和教学效果，不断优化教学设计。例如，在 BOPPPS 模型中的参与式学习环节，需要综合考虑学生的需求、兴趣和能力差异，探索更具包容性和有效性的教学设计，通过差异化任务分配，确保所有学生都能积极参与并从中获得最大化的学习收益，不断提升英语口语和听力技能。

（八）补充思政教学资源列表

（1）《舌尖上的中国》美食英语系列

（2）“中国饮食文化英文科普”舌尖上的中国

（3）《品味中国》*Cook Eat China*

第二章 学术英语课程

“学术英语（医学）”课程思政教学案例
Alternative Medicine

许 玉 徐 玲

一、课程总览

课程名称：学术英语（医学）。

课程类型：公共基础课。

课程目标：随着国家对培养国际化人才的重视不断加深，国际学术交流活动的日渐频繁，学术英语课程的重要性愈加凸显。作为大学英语课程体系的重要组成部分，“学术英语（医学）”是针对医学专业二年级本科生开设的一门必修性公共基础课程。该课程采用语言学习无缝对接专业学习的创新理念，将价值塑造、语言学习、学术能力培养及初步的专业知识学习有机结合。课程以医学内容为依托，将学术阅读、学术视听、学术口语和学术写作四个模块内容融于混合式学习与多元评价，旨在培养学生的学术英语交流与研究能力，提升学生的医学人文素养、职业道德精神、思辨与创新能力、团队合作意识以及自主学习和解决问题的能力。

授课对象：医学专业二年级本科生。

授课学时：46 学时。

二、教学设计

（一）案例简介

本案例授课内容出自《学术英语（医学）》中 Unit 4 Alternative Medicine。单元主题为替代医学，两篇课文从推动中西医结合的视角出发，具体介绍了传统中医在西方的现状、发展前景、推广应用中面临的问题以及相应的解决路径。本单元教学除知识点讲授外，深入挖掘传统中医文化，通过讲述中医药故事和探讨医学生的使命担当，引领学生深刻体会中华优秀传统文化的博大精深，深入理解“共同发展”的中国式现代化外交道路和习近平新时代中国特色社会主义思想，从而培养学生的家国情怀和理想信念，帮助其坚定“四个自信”。

（二）教学目标

1. 知识目标

（1）掌握有关中医的词汇和表达。

（2）了解“补充医学”“替代医学”“中西医结合医学”的概念。

（3）了解中医的发展历史、思想原则、治疗手段和临床应用。

2. 能力目标

（1）培养学生比较和归纳的能力，帮助其掌握比较与对比的英文写作策略。

（2）帮助学生掌握正式与非正式的语言表达方式。

（3）帮助学生掌握以故事开头，以举例展开主体，以数据支撑观点的学术演讲策略。

（4）培养学生自主学习能力、团队合作能力和批判性思辨能力。

3. 课程思政目标

（1）通过挖掘传统中医文化，帮助学生深刻体会中华优秀传统文化的博大精深及其对世界的重大贡献，从而培养学生的文化自信。

（2）通过讲述中国支援国际社会中草药用来抗击新冠疫情的故事，帮助学生深入认识“共同发展”的中国式现代化外交道路，以此促进学生对习近平新时代中国特色社会主义思想的理解，坚定道路自信、理论自信、制度自信和文化自信。

（3）通过探讨“医学生如何促进国际社会对中医的进一步认可，推进中西医结合”的问题，培养学生的家国情怀和理想信念。

（三）教学内容

单元教学包含听、说、读、写四个部分。课堂教学聚焦读写部分（6学时），听说部分为学生线上自主学习（3学时）。课程思政主要融入6学时的读写教学。

该单元包含两篇课文。

课文 Text A—Harmonizing Traditional Chinese and Modern Western Medicine：A Perspective from the US（4学时）

文章主要介绍传统中医作为补充疗法引起了美国社会的广泛关注，

患者对其需求也日益增多的事实。以针刺和草药为例，课文探讨了传统中医疗法的临床应用、相关研究及有效性评估等问题，并在此基础之上强调了中西医结合的医疗模式对于解决老龄化社会慢性病侵害问题的重要性。

* There is a need for the appropriate and smooth merger of traditional Chinese medicine (TCM) and modern Western medicine fueled by heightened patient demand of and growing interest in traditional medicine.

* Two examples of TCM practices—acupuncture and herbs.

* The way to provide affordable, effective health for all is harmonizing the two medical systems for integrative East-West medicine.

课文 Text B—Reflections on the Past and Future of Integrative Medicine from a Lifelong Student of the Integration of Chinese and Western Medicine (2学时)

文章通过一位记者使用针刺疗法缓解术后疼痛的报道和作者在北京学习中医的亲身经历，引出西方社会对中西医结合医学的探讨。课文介绍了传统中医在西方的普及率及各国研究人员就其作用机理、安全性、有效性、成本效率等方面所不断开展的研究，提出通过国际紧密合作的方式推进结合医学与补充医学研究，以促进中西医融合。

* The article on James Reston's experience of acupuncture treatment in Beijing changed the author's life. Several years later, he studied TCM theory and practiced it in Beijing.

* Despite the prevalence of TCM therapies, its mechanism of action, safety, efficacy, and cost-effectiveness have been the focus of researchers worldwide.

* There is a great need for the international cooperation in investigating integrative medicine.

（四）教学方法及手段

本单元实施任务型教学法和依托超星学习通平台的线上和线下相结合的混合教学模式。为了达成多元教学目标，本单元设置了一项任务，即要求学生以“中西医结合是老龄化社会有效的医疗模式”为观点撰写一篇学术演讲稿，供校内中外学生学术交流发言使用。为了帮助学生完成该项任务，教师结合单元课文内容的学习和讨论，通过设置一系列循序渐进的子任务，从演讲的内容和技巧到语言表达特点，给学生提供有效输入。在整个教学过程中，教师要充分利用超星学习通平台在线课程帮助学生做好课前预习和课后复习，形成“课前+课中+课后”的学习闭环。

（五）教学过程

本单元教学环节、教学内容及达成目标见表 2-1。

表 2-1 “替代医学”单元教学环节、教学内容及达成目标

教学环节	教学内容	达成目标
课前	任务 1：预习课文，熟悉生词，完成超星学习通平台相关练习 任务 2：查找概念，complementary medicine，alternative medicine and integrative medicine 任务 3：通过超星学习通平台观看《苏说文化之传统中医（英文版）》和 CCTV-9 中医系列：《针灸》，了解中医历史和针灸，并做好相关知识的整理，准备课堂总结陈述	• 通过自主学习和相关练习，初步熟悉本单元课文内容，掌握生词，理解核心概念，为本单元课文讲解做铺垫 • 用音、视频输入的方法，引导学生关注本单元的主题“中医”，形成对中医的初步认知，为课堂深度学习和输出任务奠定基础
课中 （第 1—2 学时）	任务 1：课文导入（课程思政融入） （1）承接课前任务。挑选两位学生讲述中医历史，教师补充 （2）将学生分成两组，以抢答 PK 的方式，罗列常见的中医疗法 1. inspection 望诊 2. olfaction 闻诊 3. inquiry 问诊 4. palpation 切诊 5. auscultation 听诊 6. Tui-na massage 推拿 7. scraping 刮痧 8. *qigong* 气功 9. acupuncture 针刺 10. moxibustion 艾灸 11. cupping therapy 拔罐 12. herbal therapy 草药疗法 13. dietetic therapy 食疗 任务 2：课文学习 （1）分析篇章整体结构	• 将课前任务和课堂检测有机结合，以任务驱动学生课前学习的主动性 • 锻炼学生的口语表达能力 • 融入思政元素。通过课前和课中任务，提升中医是中华传统文化瑰宝、中华民族智慧结晶的意识，加深对中医文化的理解，增强学生的家国情怀和文化自信 • 通过课文结构分析，熟悉课文主要内容；引导学生从宏观方面观察文章结构——“汉堡式”议论文结构：Introduction（论点）+Body（论据）+Ending（结论）

续表

<table>
<tr><th>教学环节</th><th>教学内容</th><th>达成目标</th></tr>
<tr>
<td rowspan="2">课中
（第 1—2 学时）</td>
<td>（2）阅读 Text A 前两段，以填空的形式完成内容梳理。利用小程序随机点名回答
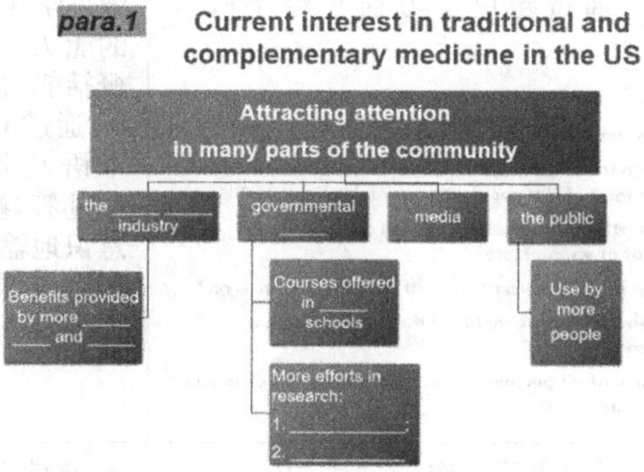

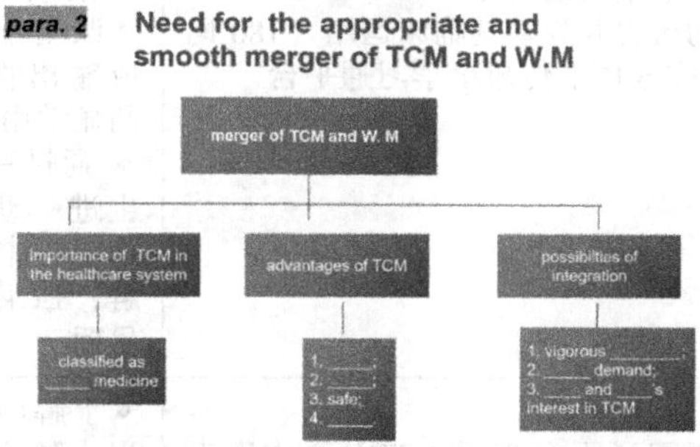

（3）界定核心概念"补充医学""替代医学"
• **Complementary medicine** refers to the use of <u>conventional therapies</u> together with <u>alternative treatments</u> such as using acupuncture in addition to usual care to help lessen pain.
• **Alternative medicine** refers to healing treatments that are <u>**not** part of conventional therapies</u> — like acupuncture, massage therapy, or herbal medicine. They are called so because people used to consider practices like these are outside the mainstream.</td>
<td>• 分析课文前两段，帮助学生理解文章中心思想
• 解释重要的名词，帮助学生正确理解核心概念</td>
</tr>
<tr>
<td>任务 3：批判性讨论（课程思政融入）
文中第 2 段谈及"Traditional Chinese medicine is affordable, low-tech, safe and effective when used appropriately"
思考：To what extent do you agree with the author's opinion on traditional Chinese medicine as being "affordable, low-tech, safe and effective"? Do you agree that TCM is low-tech?
将学生分为 5—6 人的小组，用英文讨论思考题，教师深入各组，听取讨论情况，给予针对性指导。讨论结束后，抽取两组当堂汇报，其余几组补充，教师点评</td>
<td>• 引导学生以团队为单位完成任务，培养学生互助合作的团队精神
• 锻炼学生用英语思考、表达的能力；通过讨论，加深对学术词汇和医学词汇的识记和理解
• 提升学生的思辨能力，鼓励学生在英文阅读中深度思考，敢于质疑，形成自己的见解</td>
</tr>
</table>

续表

教学环节	教学内容	达成目标
课中 （第 1—2 学时）	任务 4：课文学习 限时快速阅读文章 acupuncture 部分，查找问题答案，通过超星学习通平台手机端抢答 **Acupuncture** *(paras.3-6)* 1. Summarize the clinical use of acupuncture. 2. According to the author, which clinical trial is better? How does the author think of NIH approach toward data analysis? 3. What innovative techniques are utilized to elucidate the mechanisms of acupuncture? 4. What areas does the current study of acupuncture focus on? 5. What are the potential benefits of the basic research on acupuncture? 6. What is the writer's perspective on the future of the clinical use of acupuncture?	• 训练阅读技能：通过问题引导学生阅读，锻炼学生 skim 和 scan 的能力，锻炼总结和概括能力 • 通过阅读输入医学术语及其正确使用，通过答题，让学生有意识地输出医学词汇，为完成课后写作任务提供语言支撑
课后	课后任务：学术语篇写作 介绍中医的历史并列举其临床运用（180 词左右），将完成稿上传超星学习通平台	• 有效衔接课前预习和课堂学习内容，完成输出性写作任务，凸显学用结合 • 通过写作，促使学生进一步查找资料，加深对中医文化的了解，强化课程思政目标
课前	课前任务 通过超星学习通平台观看 CCTV-9 中医系列：《神奇草药》，积累有关中草药的词汇及其表达，并思考：Do you have any experiences of herbal therapy? How do you think of herbal therapy?	• 了解中草药相关知识，联系个人经历，初步了解中草药在治疗疾病方面的作用，为课堂学习和讨论做铺垫
课中 （第 3—4 学时）	任务 1：导入（课程思政融入） （1）观看有关屠呦呦和青蒿素的视频片段（CCTV-9 中医系列：《中医来了》），回答课前布置的思考题，并进一步思考回答：What are the advantages of botanicals compared with Western medicine? （2）观看视频 Traditional Chinese Medicines effectively aid global fight against COVID-19 pandemic。小组讨论回答：How did Traditional Chinese Medicines effectively aid national and global fight against COVID-19 pandemic?	• 屠呦呦发现了青蒿素，于 2015 年获得诺贝尔生理学或医学奖，这是中国医学界迄今为止获得的最高奖项，也是中医药成果获得的最高奖项。用音频+视频输入的方式，引导学生关注传统中医核心组成部分——“中草药”的价值和在疾病治疗上的优势，提升民族自豪感和文化自信

续表

教学环节	教学内容	达成目标
课中（第 3—4 学时）	(3) 教师点评，并顺势引导学生理解中国秉承的“天下一家”理念。中医无私援助国外抗疫，体现了中国的大国风范和责任担当	• 结合中药在抗击新冠疫情中发挥的巨大作用，思考中药的有效性，进而加深对中西医结合治疗疾病可行性和必要性的理解 • 中草药为全球抗击新冠疫情发挥了巨大而卓有成效的作用。通过讲解，引导学生认识到中国的无私援助充分展现了“合作共赢、共同发展”的中国特色社会主义道路
	任务 2：课文学习 快速阅读 Herbs 部分，通过超星学习通平台手机端抢答问题 **Herbs** *(para.7-para.9)* 1. How can the doctors use the herbs appropriately? 2. What are the herbal study mentioned in the text? 3. What are the difficulties in the study of herbal therapies? 4. What can western medical professional do when making suggestions for clinical use of herbal therapy?	• 进一步训练阅读技能，强化学生 skim 和 scan 的能力 • 熟悉文章内容，了解中草药疗法在美国社会临床应用上遇到的问题，引发学生思考
	任务 3：批判性讨论（课程思政融入） 第 7 段提及“The appropriate use of Chinese herbs requires proper TCM diagnosis of the Zheng of the patient, correct selection of the corresponding therapeutic strategies and principles that guide the choice of the herbs and herbal formulas” 思考：What is Zheng? Why is the proper TCM diagnosis of Zheng of the patient needed? Do you think TCM is low-tech from this perspective?	• 引导学生正确认识中医药的临床运用。中医流传数千年，有独到的诊疗方法，也有严谨的开药态度，讲究“辨证论治，对症下药” • 呼应第 1—2 课时讨论内容，进一步加深学生对中医优势的认知，培养学生的文化自信、思辨能力，鼓励学生在阅读中进行深度思考

续表

<table>
<tr><th>教学环节</th><th>教学内容</th><th>达成目标</th></tr>
<tr><td rowspan="2">课中
（第 3—4 学时）</td><td>任务 4：中西医比较
小组讨论，从历史、治疗理念、临床治疗手段、临床应用优势几方面比较中医和西医。思考中医和西医为何能互补？如何互补？整理成文（要求使用 signpost language of comparison and contrast），选择两组当堂汇报，教师点评
<table><tr><th>Comparison</th><th>Contrast</th></tr><tr><td>similarly</td><td>on the other hand</td></tr><tr><td>likewise</td><td>in / by contrast</td></tr><tr><td>both</td><td>however</td></tr><tr><td>same</td><td>while</td></tr><tr><td>and also</td><td>whereas</td></tr><tr><td>resemble</td><td>although</td></tr><tr><td>parallel</td><td>nevertheless</td></tr><tr><td>nor</td><td>different from</td></tr><tr><td>comparable</td><td>unlike</td></tr><tr><td>similar to</td><td>instead (of)</td></tr><tr><td>in the same manner</td><td>conversely</td></tr><tr><td>in the same way</td><td>rather than</td></tr><tr><td></td><td>as opposed to</td></tr><tr><td></td><td>some … while others …</td></tr></table></td><td>● 有效整合所学内容，培养学生归纳总结的能力
● 锻炼写作技能：正确使用表示“对比和比较”的路标语言
● 从中西医比较中加深对中医文化的理解，探寻中西医结合的可能性</td></tr>
<tr><td>任务 5：课文学习
阅读文章 integrative East-West medicine 部分。思考：What are the factors to consider when we integrate Eastern and Western medicine? 跟同桌讨论，教师抽取两名同学回答，并做点评</td><td>● 通过问题让学生快速阅读文章后两段，查找答案、归纳总结。了解“汉堡式”议论文写作范式的结尾部分是基于文章论述，顺理成章做出总结，再次表明作者的观点</td></tr>
<tr><td>课后</td><td>课后任务：写作
第 11 段谈到“As our graying society falls victim to an increasing number of chronic illnesses, we need a health paradigm that solves problems and provides affordable, effective health care for all.”请以此为观点，结合所学内容，查找研读相关资料，撰写一篇演讲稿供校中外学生论坛使用，不少于 300 词。完成稿上传超星学习通平台</td><td>● 有机衔接前面各项任务，学以致用，结合所学内容，完成输出性写作任务
● 培养学生文献搜集、资料研读、整理归纳的能力</td></tr>
<tr><td>课前</td><td>课前任务
观看 TED 视频：《中医的奇迹》。思考：How does the speaker start the speech? Is the beginning attractive?</td><td>● 为课堂学习和讨论做铺垫</td></tr>
</table>

续表

教学环节	教学内容	达成目标
课中 (第5—6 学时)	任务1：课文学习 (1) 小组合作将思维导图补充完整 (2) 结合课文内容，引发学生思考自身在推进中西结合中所能发挥的作用和责任担当（课程思政融入） 讨论问题：As the young generation and future medical workers, what will you do to promote the integration of Chinese and Western medicine? 学生分组讨论后口头汇报，教师点评	• 通过思维导图，梳理文章结构和内容，检验关键知识点，并加深对中医文化的认知、对中西医结合的认同 • 培养自主学习的意识和能力，通过合作锻炼团队合作能力，提高学习效率，促进学习 • 从对中医文化的认知理解进阶到如何身体力行推广中医、促进中西医结合，进一步引导学生提升文化自信，重视中医传承与创新。引导学生思考如何将个人的专业发展融入国家的发展中，提升担当使命感，增强理想信念
	任务2：写作技巧——演讲的开头策略 比较Text A Paragraphs 1—2（开门见山）和Text B Paragraph 1（故事导入），结合课前观看的视频，小组讨论，分析异同及各自的优势。抽取两组当堂汇报，师生一起探讨不同场合、面对不同的听众时，学术报告开头的处理	• 通过直观的比较和分析，体会不同的开篇方式的作用，提升写作技能

续表

教学环节	教学内容	达成目标
课中 （第 5—6 学时）	任务 3：写作技巧二——正式与非正式语言表达 （1）讲解书面写作和学术演讲中语言正式程度的不同 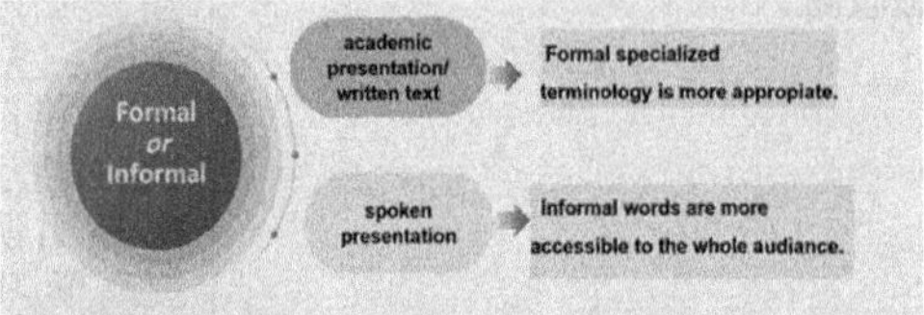 *Compare the two sencences:* **Formal, written:** ...innovative techniques such ad FMRI, PET, SPECT, and MEG are begining to be **utilizd**. **Less formal, spoken:** ...innovative techniques such ad FMRI, PET, SPECT, and MEG are begining to be **used**. （2）完成练习 **Replace the underlined words in sentences 1-8, with the more informal words in the box.** a lot of　go back　happen　look at　main　quite　show　work out 1. The principal reason for the increase is well known. 2. Let's return to the topic of treating ear infections. 3. The medical staff were able to ascertain the cause of the baby's illness. 4. It's somewhat difficult to be sure of the reason. 5. When you add water, some interesting results occur. 6. Much research has been carried out on water purification techniques. 7. If you examine modern crime data, some common trends emerge. 8. All these things demonstrate why we need to find a solution.	• 针对作业中学生存在不关注语言正式与否的问题，引导学生正确使用正式和非正式语言
	任务 4：写作技巧三——严谨、科学的论据 （1）阅读文章第 4 段，结合任务 1 中的思维导图，思考本段采用什么方式使论述客观有力 • **Prevalence of TCM therapies in the US** 　○ Surveys published in the New England Journal of Medicine and JAMA 　　▪ **A third or more** of adults routinely use complementary therapies. 　　▪ There are **hundreds of millions of** office visits per year. 　　▪ **Tens of billions of** dollars is spent out of pocket on these complementary therapies. 　○ Survey performed by the US CDCP 　　▪ **38%** of adults ad **12%** of children routinely use CAM therapies to treat their most serious medical conditions. 　　▪ There are more than **350 million** office visits to CAM providers annually. 　　▪ More than **$34 billion** is spent out of pocket. （2）以一篇学生课前提交的演讲稿为例，小组讨论如何修改使其论述客观、严谨、有说服力	• 针对提交的作业中的问题（阐述时不注重论据的客观性，多从主观的角度来论证观点，说理过程不具备说服力），通过文章的段落分析，强调学术写作中论据应具备的科学性、真实性和严谨性，着力培养学生这方面的学术意识、学术能力

续表

教学环节	教学内容	达成目标
课后	课后任务 根据课堂讲解，结合所学写作技巧，从开头、语言和论据等方面修改演讲稿。终稿提交超星学习通平台，通过学生小组互评，教师评价反馈，选出最优两组演讲稿供全班分享学习	• 巩固课堂所学知识，锤炼写作技能，提高学术英语写作能力

（六）教学反思

（1）由于学生的研究能力存在一定差距，在完成单元演讲稿的写作过程中，部分小组无法完成查找文献、收集研究数据的任务，或完成情况欠佳。为此，教师可加强与学生的课后在线交流，有针对性搭建、提供“脚手架”，如给学生提供相关文献数据库、搜索网站或期刊等信息，帮助学生减轻压力，提升学习获得感。

（2）为了提升课程思政的效果，教师可结合教研，在学习评价中引入具体的课程思政评价量表，帮助学生课后更好地自评与反思。

（七）补充教学资源

（1）《苏说文化之传统中医（英文版）》。

（2）CCTV-9 中医系列：《中医来了》《针灸》《神奇草药》。

（3）TED：《中医的奇迹》。

（4）*Traditional Chinese Medicines Effectively Aid Global Fight Against COVID-19 Pandemic.*

“学术英语（医学）”课程思政教学案例
Healthy Living

丁　琳

一、课程总览

课程名称：学术英语（医学）。

课程类型：公共基础课。

课程目标：随着国家对培养国际化人才的重视不断加深，国际学术交流活动日渐频繁，学术英语课程的重要性也愈发凸显。作为大学英语课程体系的重要组成部分，“学术英语（医学）”是针对医学专业二年级本科生所开设的一门必修性公共基础课程。该课程采用语言学习无缝对接专业学习的创新理念，将价值塑造、语言学习、学术能力培养以及初步的专业知识学习有机结合。课程以医学内容为依托，将学术阅读、学术视听、学术口语和学术写作四个模块内容融于混合式学习与多元评价，旨在培养学生的学术英语交流与研究能力，提升学生的医学人文素养、职业道德精神、思辨与创新能力、团队合作意识及自主学习和解决问题的能力。

授课对象：医学专业二年级本科生。

授课学时：46 学时。

二、教学设计

（一）案例简介

本案例授课内容出自《学术英语（医学）》中 Unit 5 Healthy Living。课文主题是健康生活，介绍了健康生活万能药的理念和健康生活七要素。本单元教学设计除知识点讲授外，还深入挖掘课文中富有人文内涵的内容，加入思政教育元素，引领学生树立正确的健康观和文化观。使用脚手架教学法和合作学习法，降低学生学习焦虑、提高学生学习兴趣、丰富课程内涵。

（二）教学目标

1. 知识目标

（1）掌握与健康生活相关的英语词汇和表达。

（2）了解健康生活方式的概念（quality vs quantity）。

（3）能够理解健康生活方式对预防疾病的重要性。

（4）引导学生树立“预防胜于治疗”的健康理念。

2. 能力目标

（1）学生能够使用英语讨论健康生活话题。

（2）提高学生的学术英语阅读和写作能力。

（3）培养学生分析和评估信息的能力。

3. 课程思政目标

（1）引导学生树立正确的健康观念，让他们能够平衡学习和生活。

（2）培养学生的社会责任感，推广健康的生活方式，建设健康中国。

（3）通过东西方文化对比，学生能够理解两种文化的“和而不同”。

（三）教学内容

1. 课文 Text A（4 学时）

Healthy Living: The Universal and Timeless Medicine for Healthspan

现代公民不仅需要长寿，还需要有质量的寿命，也就是健康寿命。通过 Text A 的学习，学生将深入探讨如何保持健康，并思考如何看待死亡。

2. 课文 Text B（2 学时）

You Are Also What You Drink

“病从口入”，饮食习惯对人们的健康起着至关重要的作用。通过 Text B 的学习，学生将深入探讨如何通过调整对饮品的偏好保持健康。

（四）教学方法及手段

除了传统的课堂问答式和讲解式教学方法，本单元教学主要使用了支架式教学法和合作学习法。利用丰富的网络资源、视频和多媒体语言资源，使用超星学习通平台、微信和腾讯会议等多种互动工具，再加上炙手可热的人工智能生成网站和工具，多模态和多媒体综合使用，打造了丰富、高效和赋能的互动式学术英语课堂。

（五）教学过程

第 1—4 学时 Text A

Healthy Living: The Universal and Timeless Medicine for Healthspan

1. 课前

（1）话题讨论

请学生就健康生活方式拍摄演讲视频，根据学生的视频选取关键词，使用 word pool 展开话题讨论。

（2）探究式学习

✧ 通读课文，找出主题词、写作方法和有用词。

✧ 请学生结合自己的专业预习课文，选取和课文相关的普适性论文提交。

2. 课中

第 1 学时

（1）承接课前活动内容

学生分成不同的小组，找出在课前视频中用到的主题词汇，和课文主题词汇对比，发现需要从口语词（通用英语词汇）向书面词（学术词汇）升级的部分。

设计理念与思想：把学生分成小组进行合作学习，共同完成任务，降低学习焦虑感，提高交流能力。词汇是学生学习学术英语的基础，小组合作学习强化学生在不同场合使用不同风格的词汇和表达的能力。

（2）话题讨论

How to demonstrate the link between healthy living and the dramatic reduction in the risk for chronic diseases?

设计理念与思想：从思辨角度考虑如何降低慢性疾病的风险因素，讨论健康生活的重要性，引导学生思考如何证明自己的观点。

（3）角色扮演：医生向患者解释健康生活的重要性

医生角色：友善地问候患者，询问生活习惯。

患者角色：描述不健康的生活方式（如久坐、饮食不规律等）。

✧ 医生解释健康生活的重要性，提供改善建议。

✧ 交换角色，重复以上过程。

重点：鼓励学生使用不同的场景和健康话题。

设计理念与思想：Students will make dialogues and demonstrate how a doctor can explain the importance of a healthy life phenotype to a patient, providing specific, accessible advice with a supportive and encouraging tone.

（4）能够用英语讨论/辩论中国传统文化和中医（TCM）中的太极（*tai chi*）

阅读美国政府健康网站对太极的介绍，了解美国主流媒体对太极的看法，掌握太极相关词汇和表达方式。根据不同的专业和学生英语水平使用 small talk、free talk or debate 等不同形式，设置不同难度的任务，完成合作学习。

课堂活动设计思路总结：学生通过课前思考、课上话题讨论、角色扮演、聊天或辩论这四项课堂活动，对 Healthy Living 这一主题有了初步理解，充分认识到生活方式和慢性疾病之间的关系，努力践行健康生活，致力于建设健康中国。

第 2 学时

（1）课文学习

要求学生阅读课文前三段，梳理出作者的逻辑线索，并以填空的形式完成这一部分的大纲，厘清文章结构，理解文章内容。为了提高学生参与的积极性，调动课堂气氛，降低阅读难度，在课堂上组织合作学习活动。

活动设计：

➢ 学生 5 人一组，将阅读任务（课本 p110—111，p1—3）和表格（表 2-2）通过超星学习通平台下发给学生，学生创建小组共享文档。

表 2-2　小组阅读任务表

Plus	Minus	Interesting

➢ 学生在 Plus 一栏填写他们与阅读材料中一致的观点。

➢ 学生在 Minus 一栏填写他们与阅读材料中不一致的观点。

➢ 学生在 Interesting 一栏补充他们想要了解的相关内容。

➢ 学生在课本 p115Task 2 前 5 个问题中选择 1 个问题，从小组中某一位同学开始，轮流在共享文档中记录自己对该问题的想法。

➢ 根据小组回答的内容进行讨论，得出一个一致的结论。

扩展练习：

➢ 在每个小组完成讨论后，可以将共享文档发给其他小组进行内容扩充与课堂讨论。

（2）批判性思维

引导学生思考如何做到知行合一。了解健康生活的重要性后，如何能够实践健康生活，从而引出美国心脏协会提出的健康生活七要素。

活动设计：

➢ 教师提出问题：What is life's simple 7（LS7）and how is it associated with the healthy living medicine（HLM）？每位同学独立思考并准备口头回答。

➢ 学生自主结对，讨论和归纳想法。

➢ 邀请学生与全班分享他们的想法。

扩展练习：

➢ 教师可以要求学生在超星学习通共享云盘里选择一篇主题相近的英语论文，进行第二轮“思考—结对—分享”。

第 3—4 学时

1. 课前

观看 TED 演讲 *What if we paid doctors to keep people healthy?*

Summarize the speech and note down the key words.

➢ Sick-care ➡ Health-care

➢ Cancer：Early-stage detection

➢ Stage 1　49% vs Stage 4　1%

➢ Preventative treatment & Behavioral change

2. 课中

（1）讨论全球健康趋势与挑战

简单了解中美两国的医疗体系和医保政策，讨论课前观看的 TED 演讲，比较现行的治疗疾病和预防医疗体系、为疾病买单和为健康买单两种医保政策之间的差异，就未来医学的发展和现行弊病的改革措施发表自己的观点。

设计思路：现在社会资讯高度发达，患者知识水平和信息素养大为提高，现有医疗服务没有跟上经济和社会发展，所以医学生需要转变传统的观念，提供更好的医疗服务，满足现代人较高的需求。

具体步骤：

➢ 教师提出初始问题并提供时间让学生独立思考，例如：What is the different healthcare policies between the US and China?

➢ 学生自主结对，分享与总结后，在初始问题的基础上，开始讨论新的问题，例如：Are there any common points in two healthcare systems?

➢ 将两组结对的小组组合成新的小组，在小组内分享讨论内容（图 2-1）。接着教师进一步提出问题让小组成员思考、讨论和分享，例如：What is the orientation of the development of modern medicine?

➢ 教师邀请一些小组与全班分享他们的观点。

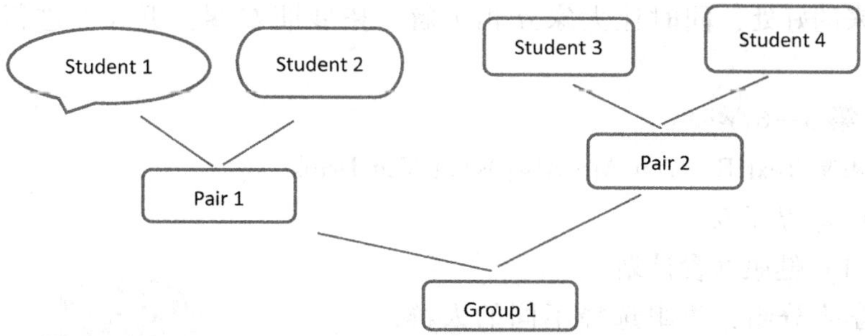

图 2-1　学生分组情况

(2)《黄帝内经》“不治已病治未病”

活动设计：通过央视新闻引出《黄帝内经》的“不治已病治未病”思想及世界卫生组织（World Health Organization，WHO）1996 年《迎接 21 世纪的挑战》的报告“21 世纪的医学不能继续将疾病作为主要研究领域，而应该将人类健康作为主要研究方向”。鼓励学生讲述扁鹊等古代名医的故事，讨论中医的“未病”“一患一方”思想和西医的预防医学、精准医疗。

设计思路：古代中医的很多理论契合现代医学发展新方向，具有超前的先进性。新冠疫情时期的中西医结合治疗方法证明，中华医学宝库中有很多值得挖掘的宝藏，值得我们骄傲。因此，通过沉浸式体验中西方文化的“和而不同”，增强学生文化自信，鼓励学生开展广泛的阅读研究，关注医学前沿发展。

(3)《哲学意义上的中医》段落翻译拼图活动

活动设计：把全班分成 10 个小组，每个小组拿到一个中文或者英文句子，开展拼图活动，拼出完整的中文和英文段落。

设计思路：使用合作学习方法提高学生的学习兴趣，降低畏难情绪。通过翻译拼图帮助学生厘清句子之间的关系和段落的论述方法，掌握翻译中的词语变通和行文变通。改变学生中英文词对词的理解和翻译习惯，帮助学生更好地进行两种语言的转换，同时了解中医典籍和传统文化。

3. 课后

运动打卡：组织学生进行一周的运动打卡活动，在超星学习通平台的主题讨论版块记录并分享他们的运动体验。

设计思路：网民们喜欢在社交媒体分享自己的生活，根据该特点设计课后分享活动，把课堂延伸到课后。帮助学生体会体育运动和规律生活带来的好处，同时让大家互相了解，拓展朋友圈，更好地进行合作学习。

第 5—6 学时

课文 Text B—You Are Also What You Drink

1. *教学活动*

（1）健康饮食计划

学生分组，每组选择不同的人群，比如幼儿、青少年、大学生、中年和老年。针对不同的对象制订健康饮食计划，并在课堂上分享和讨论（图 2-2）。列举文章中提到的健康问题：龋齿、骨质疏松、心脏病、脑卒中、糖尿病、阿尔茨海默病、癌症、肥胖，结合特定对象讨论这些健康问题与饮料之间的潜在联系。

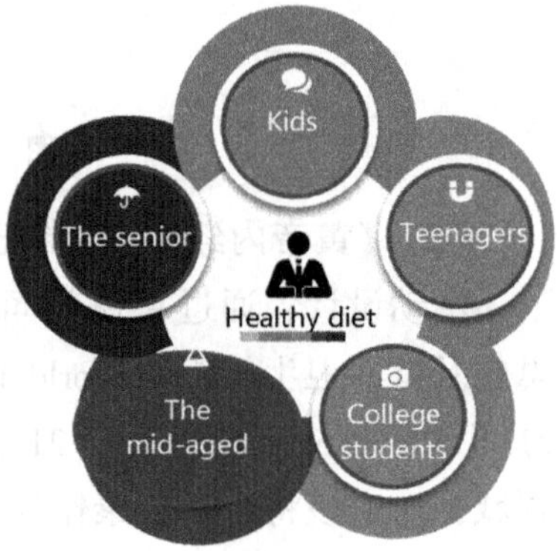

图 2-2　健康饮食计划的分组

（2）“饮料指导系统”访谈

准备材料：

健康饮料的营养标签样本（可以从超市购买或在线查找）。

健康饮料选择指南［可以从美国心脏协会（American Heart Association，AHA）或其他权威健康组织获取］。

设计思路：

学生分组采访同伴，了解其日常饮品，以及这些饮料可能对健康产生的影响。要求设计不同的采访问题，明确自己的访谈目的。活动结束后采用大纲或思维导图的形式，每个小组提交一份访谈报告，也可以加上对此次访谈活动的自评和反思。

具体步骤：

➢ 3—4 名学生一组，统一采访目的，准备自己小组的采访问题。

➢ 学生采访其他小组的成员，完成采访任务。

➢ 完成信息收集后，学生返回各自小组，并与其他小组成员分享信息，完成访谈报告、自评和反思。

（3）“饮食指导系统”设计

Task: Diets play an important role in health maintenance. Search information and design your own “Dietary Guidance System”. You may refer to the following points:

✧ Dietary choices

✧ Optimal calories intake

✧ Dietary supplements

活动设计:

➢ 将学生分成 4—6 人一组，学生可以按照以下角色自主分配任务（图 2-3）。

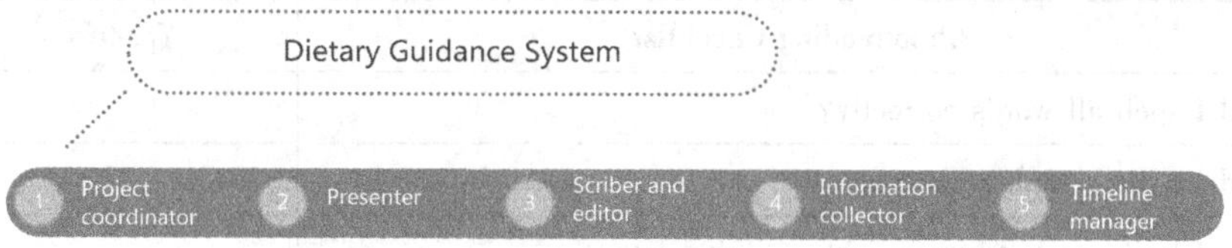

图 2-3　学生在活动中的角色

➢ 每个小组进行课堂展示并讨论互动，选出最有创意的设计。

扩展练习:

➢ 改变小组成员在活动中的角色，锻炼扮演不同角色所需要的相应能力。

➢ 小组展示后，请学生反思小组合作的收获与心得，要求必须包含"两颗星星、一个愿望"，即给予两项正面评价和一项改进措施。

设计思路:

这些教学活动围绕文章内容展开，涵盖了文章中提到的主要观点，让学生在潜移默化中完成对课文内容的学习。通过合作学习方法，鼓励学生积极思考和参加讨论。每个课时都围绕文章的核心内容展开，设计不同的互动活动，提高学生的参与度。

2. 课文内容讲解

（1） Writing skill: Cause → Effect → Solution

（2） Writing skill: Pros and cons of regular coffee consumption

3. 单元输出任务

（1） 通过批改网组建班级，布置写作任务，用机器批改。

（2） 把作品粘贴到人工智能写作网站，给出不同的提示语，生成新的文本和评价，再修改，最后完成自评、同伴互评和教师评价。

设计思路:

本单元两篇文章都使用了 cause and effect 的写作结构，在学术文本中较为常见。大学英语六级考试（College English Test Band 6，CET-6）也常考该话题，因此要求学生写出超过六级写作字数的五段式作文。这项任务能够锻炼学生批判性思维，让其形成整体结构观。从语言输入到输出，形成一个学习闭环。同时，使用写作网站、人工智能生成工具和超星学习通平台的论坛功能，完成自评、同伴互评（表 2-3，表 2-4）和教师评价，解决教师评价耗时、低效的问题，使学生得到及时、有效的评价。

表 2-3 学生自评表

Proofreading Checklist	Yes/No
Did I spell all words correctly?	
Did I write complete sentences?	
Did I begin each sentence with a capital letter?	
Did I use capital letters correctly in other places?	
Did I use verbs consistently with the subject and the tense?	
Did I use the sentence structure correctly?	

表 2-4 同伴互评表

Peer Evaluation

I have read ______ 's composition.

His/her topic is ______________________________________.

This draft has the following characteristics(a mark out of 10)

A hooky beginning ______/10

A clear theme ______/10

Good supporting details/______/10

A logical conclusion ______/10

The best point about this draft is ______________________________

____.

If there is something needed to be revised, my suggestion is __________

____.

（六）教学反思

1. 教学过程实现语言学习与专业学习的有机融合

“新医科”建设对大学英语教学提出了新的要求，基于技术与智慧赋能实现英语语言与医学内容的学科知识交叉渗透、外语课程与课程思政有机融合。课程思政并不是狭隘的政治和意识形态，而是中国传统文化、价值观和世界观、学术诚信和职业道德等多位一体的有机融合。

2. 合作学习法促进生生互动和师生互动

合作学习法赋能以学生为中心的大学英语课堂，有助于缓解以教师为中心的教学和学生被动学习带来的师生冲突，解决大班授课“一刀切”的教学模式和学生学习需求不匹配等各种问题。

3. 教学模式和学生需求相匹配

（1）在真实的课堂中，需要根据不同专业同学的发展方向和英语水平，选择和调整不同的教学活动，使用差异化教学和测评。

（2）需要增强学生学术诚信的意识并加强相关训练，同时提供更多符合学生水平的任务和合作学习机会。

（3）教师需要精心策划合作学习活动，给学生提供培训和学习合作的时间，帮助解决合作学习中产生的冲突和问题，获得更好的学习体验和结果。

“学术英语（医学）”课程思政教学案例
Life and Medicine

张　颖　陆丽英

一、课程总览

课程名称：学术英语（医学）。

课程类型：大学英语专门用途英语课程。

课程目标：培养具有较强的学术英语能力（包括医学学术英语听、说、读、写、译等能力）的学生，使他们在相关学术背景下掌握专业领域的英语交流技能。以立德树人为指导原则，注重学生学术英语自主学习能力的培养。提升医学生对医学学术英语各相关话题的理解和实践能力，融合医学伦理与人文关怀，深化中国优秀文化传统在医学领域的促进作用。

教学对象：临床医学（5+3）、口腔医学（5+3）、儿科医学（5+3）专业二年级学生。经过第一年的学习与实践，学生已经具备解剖学等部分基础医学知识，对医疗体系有了初步了解。此外，他们的英语基础较为扎实，这为使用英语进行学术医学教学提供了便利。学生对成为专业医生有明确的目标和期望，学习动机较强。但是，学生尚未形成医学学术英语的系统性认识，在医学领域的英语应用能力、思辨能力、解决实践问题能力等方面有待提高。

学时：46 学时（课堂面授 32 学时，自主学习 14 学时）。

教学语言：英语。

二、教学设计

（一）案例简介

教材名称：《学术英语（医学）》。

教学单元主题：Life and Medicine.

课程思政设计的总体思路：在设计针对医学专业学生的“Life and Medicine”这一教学单元时，采用成果导向（Outcomes-Based Education，OBE）教育模式，以学生学习成果为导向，明确教学的最终目标，并围绕这些目标来设计课程内容和教学活动。以下是课程思政设计的详细思路。

（1）明确学习目标，逆向设计课程内容：首先，明确学生在完成本单元学习后应取得的学习成果，包括对生命尊严的深刻理解、对临终关怀伦理问题的批判性思考，以及在医疗实践中体现人文关怀的能力。这些成果不仅涉及专业知识，还包括价值观、态度和行为。基于上述学习目标，逆向设计课程内容，反向规划课程的教学目标、教学方法和评估方式。

（2）多样化的教学方法：为了达到学习目标，采用多种教学方法。讲授教学法用于教授基础的理论知识。小组讨论和案例研究则有助于学生深入探讨和理解复杂问题。调查实践则让学生有机会走出课堂，实地了解临终关怀的现状和挑战。

（3）鼓励学生积极参与：学生的积极参与是实现学习成果的关键。我们鼓励学生通过小组合作、讨论和展示来积极参与教学过程。这不仅能够提高他们的沟通能力和团队合作能力，还能帮助他们在实践中学习和应用知识。

（4）多样化的评估方式：为了全面评价学生的学习成果，引入同伴评价、自我评价和教师评价等多样化的评估方式。这些评估方式不仅能够评价学生的知识掌握程度，还能够评价他们的批判性思维、沟通能力和团队合作能力。

（5）结合中国传统文化美德：在探讨生命终末期关怀中的伦理问题时，结合中国传统文化美德，如孝道、仁爱等，引导学生思考如何在现代医学实践中体现这些传统美德。在教学过程中，强调尊重中国传统美德的重要性。这不仅有助于学生建立正确的价值观，还能够促进他们在未来的医疗实践中更好地服务患者，体现医者的仁心仁术。

（二）教学目标

1. 单元总体教学目标

本单元的主题为“Life and Medicine”，即“生命与医药”，这是一个深入探讨生命、医学及生命终末期关怀的课程单元。通过本单元的学习，学生不仅能够理解课文内容，而且能够深入掌握生命终末期关怀相关概念的定义、目的、实施方式和意义。启发学生的思辨能力，鼓励他们深入思考与生命终末期关怀相关的伦理理念和现实状况，例如，患者自主权、生命尊严，以及医疗资源的合理分配，等等。讨论在现实医疗体系中，生命终末期关怀面临的挑战和限制，以及如何通过政策和教育来改善现状，激发学生对生命终末期关怀这一课题的关注和兴趣。学生将能够更好地理解患者的需求，以及作为医疗专业人员在提供生命终末期关怀时所承担的责任。同时，本单元旨在帮助学生发展自身的认知、沟通及专业能力。我们鼓励学生将所学知识融入自己的学习与实践中，能够成为具有同情心、责任感和专业技能的医疗专业人员，能够在患者的生命终末期为其提供高质量的关怀和支持。

2. 单元具体教学目标

该单元具体教学目标分为以下三项（图 2-4）。

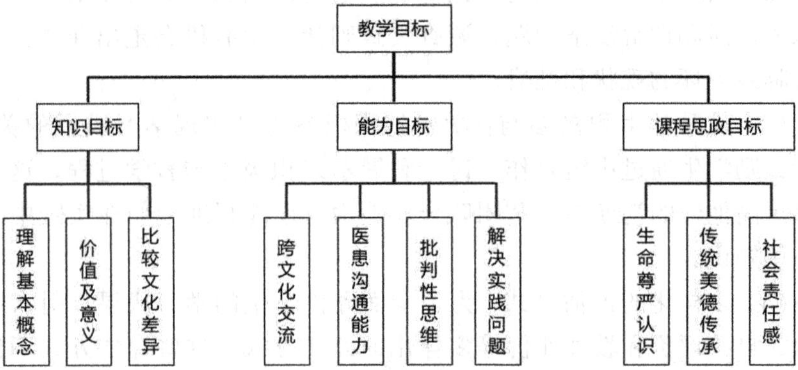

图 2-4　单元具体教学目标

（1）知识目标：学生能够理解生命终末期关怀相关的基本概念和定义，包括其目标、原则和核心组成部分；了解生命终末期关怀的重要性，包括在提高患者生活质量、减轻痛苦和改善心理状态方面的作用，对于患者家属的支持作用，以及它在处理哀伤和丧失过程中的重要性和在不同文化背景下的实践差异。

（2）能力目标：培养学生的跨文化及医患沟通能力、批判性思维能力以及解决生命终末期关怀伦理相关实践问题的能力。① 跨文化及医患沟通能力。提高与不同文化背景的患者及其家属沟通的能力。运用有效的沟通技巧，以尊重和同理心的方式讨论敏感话题，如预立医疗指示和生命维持治疗的选择。② 批判性思维能力。通过案例分析和讨论，培养对临终关怀实践中遇到的伦理和道德问题进行批判性分析的能力。评估不同治疗方案的利弊，以及它们对患者生活质量的影响。③ 解决生命终末期关怀伦理相关实践问题的能力。学习如何在实际医疗环境中识别和处理与临终关怀相关的伦理困境，运用伦理决策框架，制订合理的行动计划，以解决患者护理中的伦理挑战。

(3) 课程思政目标：强化学生对生命尊严的认识，让学生认识到尊重患者的生命选择和维护其尊严是医疗专业人员的重要职责，激发其对中国传统美德的尊重和传承，探讨中国传统美德如何与现代临终关怀实践相结合，特别是在尊重生命、孝道和家庭价值方面，理解并欣赏中国传统文化在促进患者和家属心理及情感福祉方面的作用，培育具有社会责任感的医学人才。通过课程学习，让学生认识到作为医疗专业人员在社会中担当的角色和承担的责任，将个人职业发展与社会需求相结合，致力于提供高质量的临终关怀服务，以满足社会对医疗专业人员的期望。

(三) 教学内容

主要的教学内容包括以下几点：生命终末期关怀相关术语的定义与重要性，医学伦理在生命终末期关怀中的应用，中国传统文化中的孝道与生命终末期关怀之间的统一性，生命终末期关怀中的伦理困境与决策因素。

(四) 教学方法

(1) 讲授法：以课堂讲授的方式介绍生命终末期关怀相关的基本概念和理论，确保学生对本单元话题具备必要的背景了解和知识输入，为后续的教学活动做好准备。

(2) 案例分析法：结合多个案例进行分析讨论。借助实际案例中的情形加深学生对本单元课文主题的理解，也引导学生思考如何在实践中更恰当地给予病人生命终末期关怀，以及认识到生命终末期关怀与中国传统文化中孝道的内在一致性。

(3) 小组讨论：以分组讨论的形式，对所给话题进行更深入的、更集中范围内的讨论和交流，促进生生互动，加深及拓宽学生对本单元话题的认知，并提升学生的团队协作能力和沟通交流能力。

(4) 角色扮演：通过解析文章内容和相关素材，撰写剧本，并以英文短剧的形式进行表演，分角色模拟发生在不同场所中的生命终末期关怀的场景，让学生深度体验生命终末期关怀对于病人及其家人的意义，并深刻理解作为医护工作者尊重生命、尊重病人的职业道德与责任。

(5) 反思写作：以篇章写作的形式发布课后任务。围绕本单元主题和关键词，学生既可以通过补充相关联的证据，对每个观点进行进一步的深入阐释和论述，充实内容；也可以从本单元话题出发，对更多其他的有关救治病人、尊重生命、医患关系等在医学实践和理论研究中的各类热点话题进行发散思考，拓展思维。

（6）混合式教学：充分利用现代教学技术在教学实践中的优势。以图文、视频、PPT 等多形态展示教学内容；从网站、APP、AI 工具等多路径搜集教学素材；以线上和线下相结合、实体教室与网络课程并行的形式开展教学。

（五）教学过程

本单元教学环节、教学内容及达成目标见表 2-5。

表 2-5 “生命和医药”单元教学环节、教学内容及达成目标

教学环节	教学内容	达成目标
课前	在超星学习通平台上发布课前准备任务；学生需要以文字形式上传至超星学习通平台的班级讨论区，并在相互阅览后加以评论 任务 1：查找以下概念 palliative care，hospice care，comfort care，symptom care，并给出定义，比较其通用定义与自己的理解之间有什么差异 任务 2：学生通过实际观察、经验认知、查阅资料等方式，总结出生命终末期关怀的几种模式类型	通过完成课前任务，学生可对本单元话题及重要概念有所了解，有助于后续对课文内容的进一步理解，以及课堂活动的有效开展
课中（导入） 1 学时	活动 1：承接课前环节中任务 1、2 的内容，交流生命终末期的相关基本概念及生命终末期关怀的模式类型（palliative care，hospice care，comfort care，symptom care） 活动 2：播放一段老年人就医的短片。让学生感受到短片中表现出来的医生与病人在医学实践中出现的沟通不畅、产生误解及医嘱遵从性差等困难。抛出问题：If you were the doctor，what suggestion do you give? How do you deal with the dilemma? 指导学生对医学实践中应遵循的伦理原则进行思考（National and international guidelines：On palliative care，patient rights，and end-of-life decision-making）	（1）了解学生课前任务的完成情况，并给予反馈，明确相关概念的准确表述 （2）激发学生对本单元话题的兴趣，鼓励学生对所给问题积极讨论，帮助教师更顺利、有效地进入课文内容教学
课中（文本解析） 第 2—6 学时	内容 1：文章结构总体分析。快速浏览文章，总结文章主旨、结构、要点。学生以所给图片为提示，通过看图说话的形式，完成对文章大意的复述	（1）掌握文章的结构框架、主旨句和主要观点

续表

教学环节	教学内容	达成目标
课中（文本解析） 第 2—6 学时	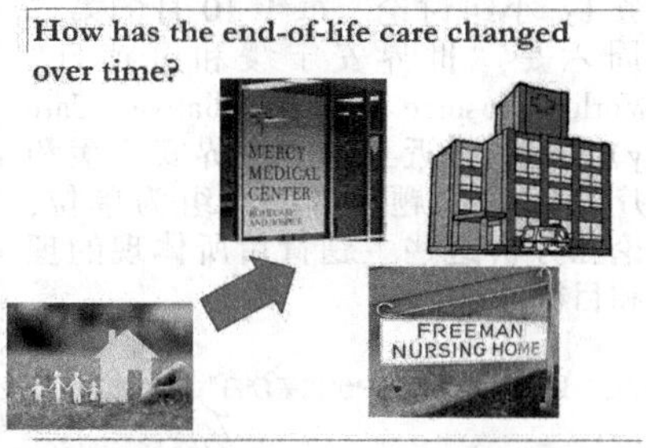 内容 2：关于文章要点的问题抢答。教师提前在超星学习通平台抢答任务中设置好的相关问题 1. What are the things to consider when choosing the right place to die? 2. What is said about George? 3. What advantages does a hospital have over a nursing home for end-of-life care? 4. What are the advantages of Nursing Home? 5. What's the role of family and friends when the patient is cared at home? 6. What needs to be considered to make comfort care available at home? 7. How has the meaning of palliative care changed? 8. What might be the misconceptions about choosing hospice?	(2) 通过使用超星学习通平台手机端完成课堂抢答任务，加深对文章要点的理解
课中（文本解析） 第 2—6 学时	内容 3：“汉—英”翻译练习（思政拓展）。教师指导学生学习中国传统伦理文化中关于“生命终末期关怀”相关话题的语句，并对其进行“汉—英”翻译练习 内容 4：案例分析 案例：呼应导入部分活动 2 的短片，请同学自学 Text B 来探寻有关“如果你是文中接诊老人的医生，你会如何与之沟通”的答案。以小组为单位讨论 Text B 中所涉及的案例，并以小组汇报的形式分享讨论结果。最后模拟案例中的沟通场景，以角色扮演的方式演绎医生与病人之间更有效的沟通方式和决策过程	(3) 学生能够理解生命终末期关怀与中国传统文化中孝道的内在一致性 (4) 学生能够深刻思考生命终末期关怀在现实中对病人及其家人的意义所在，以及对于医护工作人员而言，如何更好地给予病人所需要的生命终末期关怀

续表

教学环节	教学内容	达成目标
课后（拓展）	任务 1：小组讨论。每年 10 月的第二个周六是“世界安宁缓和医疗日”(World Hospice and Palliative Care Day)。下图是近三年“世界安宁缓和医疗日”的主题，请以小组为单位，讨论和分析这些主题背后所体现的理念和目标 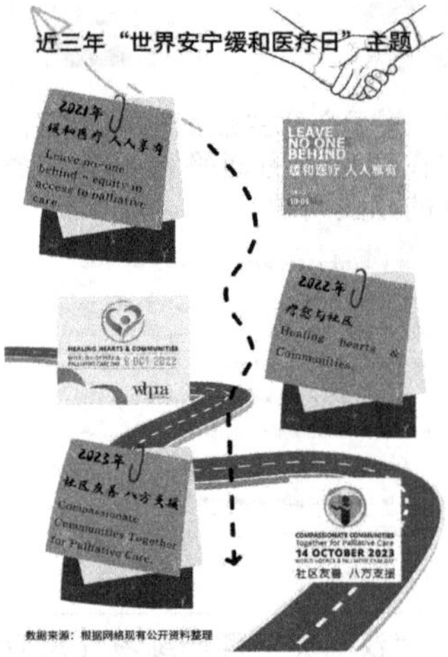	学生对本单元话题有延续性的讨论和拓展性的思考，有助于提升学生对医学人文中常见话题的思考能力和表达能力
课后（拓展）	任务 2：通过社区调研、小组讨论等形式探讨中国传统文化在临终关怀中的应用与挑战 (Community Resources: Local hospices and palliative care centers—For insights into community-based care and support services.) 任务 3：反思写作。以小组为单位撰写对以上讨论结果的反思和个人见解，并在超星学习通平台上提交	

（六）教学反思

（1）教学效果评估。采用多种形式，通过多种渠道评估教学效果。如超星学习通平台讨论板块中学生参与讨论的积极程度；讨论时观点表述的恰当与否；学生在课前准备阶段中完成的资料搜集和内容展示与本单元话题及课文内容的相关性和契合度；学生对课文内容的理解和把握程度，以及从其他角度对本单元话题进行补充和深入的能力；学生在总结汇报中表达有关观点和提供论据展开论述的能力等。多维度评估有助于更有效检测教学内容的合理性，了解学生的学习状态和对知识的掌握程度。

（2）教学内容调整。基于上述教学评估结果，对教学内容做出相应调整，确保每个学生均学有所得，并在其目前的能力水平基础上有所提升。教学内容始于单元话题，高于课文内容，终于学生的输出，确保每个教学环节均提供给学生利用英语语言进行观点表达、内容展示、话题讨论的机会。

（3）教学方法优化。通过案例分析、小组讨论、角色扮演等方式给学生提供沉浸式的学习过程。同时，在已有的互动式、体验式教学的基础上，进一步探索新的教学方法，持续提高学生的学习兴趣。

（4）课程思政深入。在设计课程内容时，要有意、有机、有效地融入思政教育，发挥英语课程的德育功能，提炼课文内容中的文化基因和价值范式，“润物细无声”地实现知识传授与价值观培养的有机结合。

“博士英语”课程思政教学案例
Finding, Evaluating, and Using Sources

胡行超　施荣根

一、课程总览

课程名称：博士英语。

课程类型：研究生公共课。

课程目标：本课程旨在提升学生在学术领域的英语应用能力，分为论文写作和学术交流两个模块。论文写作模块帮助学生掌握医学英语写作的基本规范，涵盖遣词造句、结构布局及常见问题的应对策略，强调文献阅读与输出导向的结合。学术交流模块加强学生在日常及正式场合的学术沟通能力，包含学术报告的准备与组织技巧，运用视觉辅助工具，以及有效回答问题。本课程还特别注重批判性与创造性思维的培养，通过多维文本分析，帮助学生理解英语母语者的思维方式，提高分析与理解复杂观点的能力，进而提升独立解决问题的能力。同时，加强跨文化沟通技能，使学生能够在多样化的学术环境中自信地表达和交流。

教学理念：

（1）强化语言知识与医学专业知识融合。

（2）培养跨文化沟通与批判性思维能力。

（3）注重学术诚信与职业道德教育。

（4）鼓励自主学习与创新精神。

（5）帮助学生树立文化自信，讲好中国故事。

授课对象：博士研究生一年级。

授课学时：60 学时。

二、教学设计

（一）案例简介

本案例授课内容取自《批判性思维》（外研社 2019 年 4 月第 1 版）第 12 章：搜集、评估和使用材料。

本章聚焦生物医学论文撰写中的资料收集、评估与使用。资料积累是学术研究的基本方法，研究者通过查阅与分析文献，能更全面地理解研究问题，识别知识空白，并推动理论和方法的创新。特别在智能化和大数据时代，信息泛滥且真伪难辨，因此掌握批判性思维尤为重要。

本单元不仅注重专业技能培养，同时融入思政教育元素，鼓励学生从多角度审视分析问题，培养理性思维，增强对国家和社会的认同感，树立文化自信。此外，帮助学生树立正确的学术道德观，弘扬科学家精神，遵循科研伦理和学术规范，抵制学术不端行为。

（二）教学目标

1. 知识目标

（1）语言与论文写作知识输入：帮助学生掌握本章涉及的英语及写作相关知识。

（2）中国文化元素融入：在资料收集、评估与使用过程中，积极融入中国元素，展现中国的独特魅力与文化底蕴。

（3）学术不端行为的识别与理解：让学生了解学术不端行为的概念与类型（如抄袭、篡改、伪造数据等），并识别其在学术界的表现形式。

（4）学术不端行为的负面影响：理解学术不端行为对个人职业生涯、学术界及社会信誉的潜在负面影响。

（5）避免抄袭的策略：掌握有效的转述技巧，同时确保准确性和原创性。

2. 能力目标

（1）能从广泛的国际学术资源中主动收集、整理与课题相关的英文资料。

（2）学术写作中能正确引用他人的观点、数据和研究成果。

（3）学术写作中能合理整合引用资料，体现原创性思维。

（4）在国际学术交流中积极传播中国科学研究成就，展现中国学者的自信与学术责任感。

（5）具备批判性分析文献的能力，识别潜在的抄袭风险。

3. 课程思政目标

（1）传递“科学没有国界，但科学家有自己的祖国”的理念，增强学生对国家和民族的认同感与归属感。

（2）加强学生对学术诚信的认识，培养负责任的学术态度。

（3）引导学生树立诚实、公正与尊重他人的价值观，并在学术及职业生涯中加以践行。

（4）通过讨论学术不端对个人和社会的影响，激发学生的社会责任感，培养维护学术诚信的使命感。

（三）教学内容

（1）查阅并对比国内外高质量医学期刊文章、研究报告和书籍，强调中国学者的贡献与创新。

（2）教授使用英文数据库（如 PubMed、Web of Science）和中文数据库（如中国知网、万方数据）时，如何检索和筛选与中国相关的文献。

（3）运用批判性思维分析医学文献中的观点、数据及研究方法，特别关注对中国医学文化的描述与评价，判断其客观性与准确性。

（4）对比不同文献中的观点，识别潜在的文化偏见与误解，培养独立思考与判断能力。

（5）讲解学术不端行为的基本概念及其在学术界的表现形式，深入探讨其负面影响与严重后果。

（6）介绍抄袭的定义，并识别文字、数据及思想等不同类型的抄袭行为。

（7）教授如何避免抄袭，重点讲解转述的概念与策略，强调转述时保持准确性和原创性。

（四）教学方法及手段

（1）讲授法：教师直接传授论文写作、语言应用及学术诚信相关的基本知识。

（2）案例分析法：通过具体案例直观展示资料收集与评估方法；指导学生关注文化元素的应用；运用批判性思维，分析和讨论学术不端行为。

（3）小组讨论法：学生分组讨论特定医学主题下的资料收集、评估与使用；多角度讨论学术不端行为的后果、影响及解决方案。

（4）互动练习法：在教师指导下学生进行模拟练习，应用转述和引用等技巧，避免抄袭。

（5）反馈与评价：教师为学生的讨论与练习提供即时反馈，帮助学生发现不足并加以改进。

（6）自我评估与同伴评估：学生进行自我评估与同伴互评，促进批判性思维能力的提升。

（五）教学过程

1. 课前

本课程课前预习安排见表 2-6。

表 2-6 课前预习安排

教学环节	教学内容	思路体现
课前预习	通过超星学习通平台发布以下任务： （1）阅读指定的医学领域英文期刊文章或书籍章节，特别是涉及中国医学元素的部分 （2）观看关于医学论文写作基础、资料收集与评估的简短教学视频 （3）完成预习问卷，包括关于资料收集与评估方法的选择题与开放性问题，以检查预习效果 （4）思考以下问题： • 你的研究领域中常见的学术不端行为有哪些？ • 你认为产生学术不端行为的主要原因是什么？	（1）引导学生提前接触课程内容，建立对资料收集与评估重要性的认识 （2）通过预习任务，激发学生主动思考，为课堂讨论做好准备

2. 课中

本课程课中教学安排见表 2-7。

表 2-7 课中教学安排

教学环节	教学内容	思路体现
引入活动	问题讨论： （1）在全球医学研究中，如何高效地收集和评估与中国医学相关的资料？ （2）"Publish or Perish in China"一文中提到的学术不端（academic dishonesty）行为的主要原因是什么？你认同吗？	（1）通过问题引导，迅速吸引学生注意力并激发学习兴趣 （2）结合现实问题，提高课堂讨论的相关性和紧迫感 （3）鼓励学生分享个人见解，为后续的学习活动打下基础
案例分析	学生结对或分成 4 人小组，完成以下任务： （1）阅读一篇成功融入中国医学元素的英文医学论文片段，分析作者如何收集、评估并使用相关资料 （2）分析两个抄袭指控的真实案例，判断是否存在抄袭行为，并回答以下问题： • 作者为何被指控抄袭？ • 他们所面临的处罚或后果是否公正？ （3）进行全班讨论，学生分享小组讨论的要点，教师进行反馈和补充	（1）通过具体案例，帮助学生了解资料收集与评估的实践操作 （2）通过批判性思维分析抄袭案例，鼓励学生深入探讨问题的多维度 （3）引导学生关注论文中的资料来源、评估方法及其文化背景的应用 （4）鼓励合作学习，培养团队协作能力和沟通技巧

续表

教学环节	教学内容	思路体现
小组讨论与师生互动	学生分为4人小组，进行以下讨论： (1) 针对指定医学主题（如医学前沿研究、整体医疗等），讨论如何收集、评估和使用与中国医学相关的资料 (2) 讨论在收集、评估和使用资料的过程中哪些行为会被视为是学术不端或抄袭 (3) 探讨抄袭的后果与负面影响，涵盖个人、学术界和社会等多个层面 (4) 讨论如何有效杜绝抄袭现象 教师参与各小组讨论，提供指导，并邀请小组代表分享讨论结果，随后进行全班讨论	(1) 小组讨论有助于提高学生的合作与沟通能力 (2) 鼓励学生结合个人兴趣和专业背景，深入探讨资料收集与评估的具体策略 (3) 通过多角度分析抄袭后果，提高学生对学术不端的警觉性，促进对行为后果的深思熟虑 (4) 讨论如何有效杜绝抄袭现象，激发学生思考，提出具体可行的预防措施 (5) 保证师生互动，及时解答疑问，促进知识深化
教师讲授与师生互动	(1) 教师展示判定何时需要引用、转述（quote/cite/paraphrase）的逻辑流程图 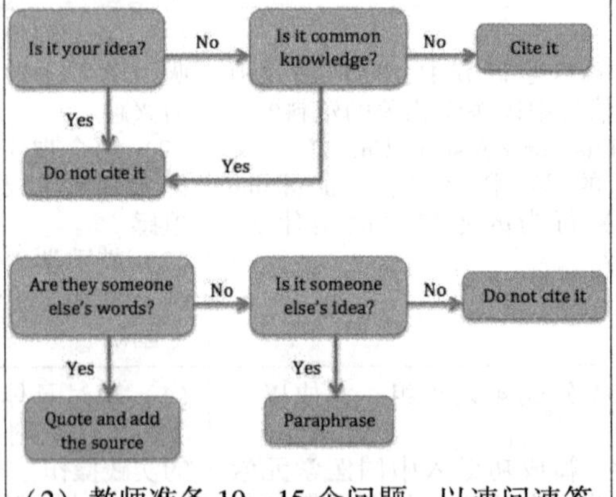 (2) 教师准备10—15个问题，以速问速答形式进行互动，随机选择学生回答常识性知识（common knowledge），如：	(1) 通过问答形式对常识性知识进行深入讲解，帮助学生更好理解这一概念及其在学术写作中的应用 (2) 通过师生互动，创造积极的课堂氛围，提升学生的参与度 (3) 教师通过即时反馈，帮助学生及时纠正理解上的偏差

续表

教学环节	教学内容	思路体现
教师讲授与师生互动	President John F. Kennedy was assassinated in 1963. A. Common Knowledge B. Should Be Cited Smoking kills over one million people every year in China. A. Common Knowledge B. Should Be Cited （3）完成问答后，教师总结并讲解“常识性知识”概念在学术写作中的应用 （4）教师提问并与学生讨论以下问题： • 什么是转述（paraphrase）？ • 转述与引述（quote）有何区别？ • 转述与总结（summarize）有何不同？ 讨论中，教师可融入转述的基本规则：转述内容应与原文显著不同，但长度相当，且保留原意	
案例分析（深化）	学生结对或分为 4 人小组，完成以下任务： （1）分析一篇存在资料收集与评估问题的医学论文片段，找出其中的问题并提出改进建议 范例： 在选取一篇存在资料收集与评估和使用问题的英文医学论文片段时，我们需要关注论文中可能存在的数据收集不全面、评估方法不科学、或数据使用不当等方面的问题。由于直接提供具体的英文医学论文片段可能涉及版权问题。以下为示例片段。 Title: "Assessment of the Efficacy of Novel Drug XYZ in Treating Hypertension: A Retrospective Study" Abstract: This study aimed to evaluate the clinical effectiveness of a novel antihypertensive drug, XYZ, in a cohort of patients with hypertension. A retrospective analysis was conducted using electronic health records from a tertiary care hospital. （2）比较同一文本的两个转述版本，讨论哪个版本更符合要求，并分析作者使用的转述方法（词义转述 semantic，句式转述 syntactic，或两者混合模式）	（1）通过反面案例的分析，强化学生对资料收集与评估的重视 （2）通过对比不同转述版本，帮助学生提升辨别和评估转述质量的能力，深入理解转述技巧
单独练习与同伴评估	（1）单独练习： • 给定若干医学主题，要求学生模拟进行资料收集与评估 • 提供两段短文，要求学生转述时：不使用原句结构；不简单替换原文中的单词；避免使用原文中的关键词或罕见词 （2）同伴评估： 完成练习后，学生与同伴互评，指出问题并提出改进建议	（1）通过实践练习，帮助学生巩固课堂所学知识 （2）通过同伴评估，培养学生的评价能力和合作精神，促进彼此间的相互学习

3. 课后

本课程课后强化安排见表 2-8。

表 2-8 课后强化安排

教学环节	教学内容	思路体现
课后强化	教师通过超星学习通平台发布任务： (1) 阅读文章 “The Plagiarism Spectrum”，全面了解不同类型的抄袭行为，并进行总结 (2) 找到一篇与自己研究领域相关的学术论文，转述其中一段文字，确保转述与原文在结构和用词上的差异 (3) 撰写一篇结合自己专业的论文初稿，重点展示资料收集、评估与使用的过程 (4) 在线讨论：在超星学习通平台上设立课后讨论区，鼓励学生分享论文写作心得，提出疑问，进行互动交流。教师定期参与讨论，提供反馈	(1) 通过课后任务，检验学生对课堂所学习知识的掌握情况，促进学生将所学理论知识应用于实际写作中 (2) 鼓励学生进行自主学习，提升自我驱动的学习态度，通过独立完成任务提高学习效率 (3) 利用在线讨论区延续课堂氛围，增加师生和同学之间的互动与交流

（六）教学反思

1. 教学目标与内容

本章旨在将专业知识与思政教育相结合，培养博士研究生在科研论文写作中的综合能力，特别是信息的收集、评估与使用能力。在处理与中国相关的英文资料时，鼓励学生提出具有中国特色的学术观点和解决方案，展现中国学者的自信和学术担当。同时，强调学术诚信，培养学生树立正确的科研道德观，坚决抵制学术不端行为。

2. 教学设计特点

（1）思政元素：通过具体的案例分析和反面案例讨论，帮助学生直观理解信息收集与评估的实际应用。利用批判性思维能力，帮助学生识别抄袭与合规写作，增强他们对学术不端行为的防范意识。

（2）互动教学：广泛采用生生互动和师生互动的任务，如速问速答、结对或小组讨论、教师参与讨论并提供反馈等。这些方法不仅有助于活跃课堂氛围，还能提高学生的参与度，培养合作与沟通能力。

（3）互评环节：课堂活动中包含学生结对互评练习，这一做法旨在提升学生的评价能力与团队协作精神，同时促进从不同视角获取反馈，实现相互学习。

3. 面临的挑战与改进方向

（1）参与度：由于班级人数较多，结对和小组讨论难以确保每名学生都能积极参与，师生互动也可能无法顾及所有学生。教师应积极探索不同方法，如使用在线讨论平台，以减少部分学生感觉被忽视的情况。

（2）适应性教学：尽管采用了多种教学方法（如案例分析，小组讨论，师生互动，同伴互评等），但仍需进一步适应不同个体的学习风格和偏好。教师应继续探索翻转课堂、项目式学习等更灵活的教学手段，提高教学的有效性。

（3）反馈效率：在大班教学中，课后作业或任务的评估面临一定挑战。为此，教师可采用客观题的机器评估，委托助教协助，或定期安排生生互评，以提高反馈的及时性和有效性。

通过本章的教学活动，教师期望学生在学术论文写作中能够展示更高的信息收集、评估和使用能力，同时强化学术诚信意识和社会责任感，确保在科研活动中自觉遵守学术规范。教师应根据教学反思的结果，不断调整和优化教学策略，探索更有效的思政教育融入方式，更好地培养学生的综合能力和科研素养。

第三章　医学英语课程

“医学英语”课程思政教学案例
The Digestive System

张志莉　高　丽

一、课程总览

课程名称：医学英语。

课程类型：大学英语专门用途英语课程。

课程目标：本课程面向临床医学、口腔医学、儿科医学、法医学、眼视光医学等专业的大三学生。学生已先修读过解剖学、组织胚胎学及病理学等相关知识，为医学英语奠定了良好的理论基础。本课程意图在“新医科”背景下，顺应信息化时代高等教育的发展趋势，以培养新时代国际化的高素质复合型医学人才为核心，促进医学生掌握扎实的英语语言基础和熟练的英语语言应用技能，具备医学科学知识和人文科学素养，培育较强的沟通能力和创新精神，能够在医疗卫生和其他相关领域从事对外交流、翻译、研究、教学、管理等工作。

授课对象：临床医学（5+3）、儿科学（5+3）、口腔医学（5+3）、临床医学、儿科医学、口腔医学、放射医学、法医学、精神医学、眼视光医学等专业三年级本科生。

授课学时：64 学时。

二、教学设计

（一）案例简介

本案例授课内容出自《医学英语基础教程》中 Unit 4 The Digestive System。消化系统单元共分视听说、医学术语构词、阅读与翻译、病例拓展阅读、写作五个教学模块进行。思政教学设计主要融入视听说、疾病文本阅读、拓展阅读三个模块中，以消化系统的学习为依托，引导学生深刻理解当代爱国主义的历史意义和价值。一切从人性出发，强调在医疗过程中对人的关心、关怀和尊重，倡导当前大背景下学医人、行医人应该追求完善的人生价值观。讲述消化系统疾病领域名家名师的成长经历，让学生感悟大师们救死扶伤的奋斗精神、不卑不亢的人格魅力和严谨求真的科学态度，将树立文化自信、增强全民族的文化自信与医学专业有机地融入教学中。

（二）教学目标

1. 知识目标

多元化提高学生医学英语听、说、读、写、译的语言技能。培养学生掌握医学英语词汇、句型等，从构词法角度熟练掌握消化系统相关术语的构成，具备一定的医学文献阅读能力，能听懂医疗环境下的医患对话。在病例研究中了解胆囊炎的病因、高危因素、治疗手段及预后情况。规范病例研究的书写模式、语言特点和表达方式，能借助专业知识和英语语言就本系统常见话题进行书面表达或口头交流。

2. 能力目标

从世界观教育方面对学生进行思政教育，培养医学生客观看待相关文化、社会发展、医疗体系等领域的知识、运用辩证唯物的观点全面看待问题的能力。从人本角度对学生进行人文精神的灌输。摒弃传统的单向灌输模式，运用多种教学手段增强学生的社会责任感，形成良好的价值观，树立全面科学的医学发展观，培养学生关爱生命、服务社会的责任感。通过任务型教学模式，培养学生相互合作意识、独立创新能力、批判性思维及分析性思维。

3. 课程思政目标

在课程教学中注重加强医德医风教育，着力培养学生“敬佑生命、救死扶伤、甘于奉献、大爱无疆”的医者精神，注重加强医者仁心教育。在培养精湛医术的同时，教育并引导学生始终把人民群众生命安全和身体健康放在首位，尊重患者，善于沟通，提升综合素养和人文修养，提升依法应对重大突发公共卫生事件的能力，做党和人民信赖的好医生。消化系统课程思政设计凸显培养医学生的医学精神，包括科学精神与人文精神。通过讲好中国故事、讲好大师故事，在传授知识、培养技能的过程中，培育医学生的政治素养、人文素养、职业素养；继承和弘扬精医、尚德、无私、仁爱的职业素养及以人为本、救死扶伤的职业道德；弘扬人民生命健康高于一切的职业精神和爱岗敬业、甘于奉献的劳动精神。

（三）教学内容

消化系统单元总课时共计 12 学时，分五个教学模块进行。思政教学设计主要融入视听说、疾病文本阅读、拓展阅读三个模块中，共计 8 学时。

视听说模块，2 学时，选材为原发性肝癌的相关文献资料。

医学术语构词模块，2 学时，要求学生掌握与消化系统有关的主要词根和词缀的基本含义，熟悉相关医学术语的构词规则，高效、快速地积累丰富的词汇量。

疾病文本阅读模块以基础和临床两部分文本为主，共计 4 学时，依托解剖、生理、病理等专业知识，着重分析英语医学专业文献的文本特点和翻译策略。

拓展阅读模块，2 学时，在解析病例文本的基础上，重点关注医学人文修养、医学伦理、医学心理等，以任务型学习为导向，以医患角色表演为输出的方式，相互学习。

写作模块，2 学时，查阅近 5 年内发表在核心期刊的消化系统研究性论文，分析 SCI 论文的摘要写作模式、思路和特点。

（四）教学方法及手段

（1）基于语言的“输入—加工—输出”和建构主义原则，遵循课前启化—课中内化—课后深化的教学模式。

（2）以产出导向法为教学理论基础，强调学生的学习有效性，以学生学习的产出成果来衡量教学目标是否实现，提倡“学用一体、文道相融”的教学理念，并通过“驱动、产出、评价”的教学流程来提高外语教学效率和学生的关键能力。

（3）在以学生为中心原则的指导下，强调以学生的学习和发展为中心，实现从以“教”为中心向以“学”为中心的转变、从“传授模式”向“学习模式”的转变，同时从原本的“教师、教材、课堂”向“学生、收获、体验”递进，从而提高学生的学习质量，并全面提升学生的知识、能力和素质水平。

（4）根据课前调查问卷获悉的学情分析报告，确定本次课程的价值目标、深挖相关思政素材、凝练精准思政元素、优化恰当教学方法、制定有效评价方案，形成课程思政春风化雨般融入课堂的闭环教学过程。建立全员参与、全方位监督、全过程监控的动态课堂教学评价体系，借助新技术提升医学英语课程思政教学的效果。现代教育技术有助于活跃医学英语课堂，激发学生学习积极性，满足学生差异化的学习需求，培养学生的自我教育能力，实现“以生为本”的教学模式，让医学英语的课程思政目标以润物细无声的方式渗透到学生学习的点点滴滴，产生事半功倍的教学效果。

（五）教学过程

1. 课前

在学习消化系统音视频、微课等的基础上，完成课前任务点和测验。以解剖学和生理学为驱动力，思考与消化系统结构有关的问题，借助超星学习通平台、采用任务型教学法开展在线教与学，以合作互动带动学生自主学习，提升小组合作意识。结合本单元主题阅读和病例研究的内容，创设小组任务，以4—5人为一组，组内成员合理分工，高效合作，分步完成相关资料的收集和整合等任务。

（1）视听说部分：① 通过医学英语教育网、医学英语视听课堂等官方网站或公众号查找与消化系统疾病相关的中英文报道，整理消化系统医学术语及典型句式表达，帮助学生积累口头表达的相关语料；② 查找原发性肝癌的相关文献资料。

（2）疾病文本阅读部分：在超星学习通平台关于发布乙肝的阅读材料及乙肝流行的科普视频。① 预设情境，布置语言输出任务；② 整理乙肝的传播途径（血液传播、性传播和母婴垂直传播），引导学生了解防护措施，选择洁身自爱、远离毒品的健康行为方式。让学生了解对乙肝疫苗研发做出卓越贡献的杰出人物，以及中医药在乙肝治疗中起到的显著作用，做好课堂汇报的准备。

（3）拓展阅读部分：发布 Case Study 阅读材料。

（4）评价标准：评价考核原则上是按小组课前、课上和课后的综合表现进行评价。对课堂展示的小组采用即时评价的方式，包括教师或学生现场点评、教师评分和生生互评；对于发布到超星学习通平台上的任务，采用课后评价的方式。

2. 课中

消化系统视听说导入部分

（1）消化系统视听说导入：要求学生按照课前安排分组汇报，汇报形式可多种多样，汇报结束后，进行简要评价，可采用教师评价，生生互评等形式。

（2）学生小组展示消化系统相关高频词汇的中英文表达。

（3）汇报小组从病理学的角度汇报肝癌的情况。汇报小组学生首先对网站上关于肝癌的一段视频资料进行分析，继而播放一小段焦裕禄的纪录片片段。焦裕禄身患肝癌，依旧忍着剧痛坚持工作，用自己的实际行动，铸就了“焦裕禄精神”。

（4）评价标准：教师评价结合生生互评，评价标准可以从内容深度、语言表达、逻辑思维三个方面进行考量。情感与价值目标方面，教师会根据医学精神，深化主题，引导学生传承和弘扬爱国主义精神，提升国际视野与人文素养，形成全面的医学观和人文观，树立正确的职业认知，恪守职业操守，具备良好的医德医风，提升综合素质。

消化系统疾病文本阅读部分

（1）学生按照学习大纲完成自主学习，积累消化系统医学术语，在课堂上完成主题阅读练习，了解消化系统的器官形态、组织结构和生理功能，消化系统疾病的病理生理学机制和病理变化特点，以及消化系统领域的研究热点、研究前沿等，逐步展开对乙肝的讲解，以乙肝流行的科普视频为切入点，以产出导向法为教学理论，构建情境对话，以医患沟通病情为语言产出任务，按课前要求进行检查和反馈。

（2）学生分小组进行课堂医患对话角色扮演，时间控制在 5 分钟之内。两人一组，分饰角色，教师查看，最终随机抽取一组当堂展示。在角色扮演医患对话交流的基础上，引导学生认识乙肝的传播途径（血液传播、性传播和母婴垂直传播），引导学生了解自我防护、洁身自爱、远离毒品的健康行为方式。

（3）学生小组介绍自我防护的健康行为方式。包括介绍“中国乙肝疫苗之母”，第一支乙肝疫苗试验人陶其敏教授及中医药在治疗肝病方面的优势。

（4）评价标准：教师口头评价结合学生口头评价，评价标准可从内容深度、语言表达、逻辑思维三个方面进行考量。

拓展阅读（病例分析）

（1）本部分内容选自《医学英语基础教程》Unit 4 The Digestive System 里的 Case Study 4-1，要求学生首先能通过本单元所学的词根和词缀分析文本中的医学术语并理解其意思。另外，要求学生了解医学术语缩略词和合成词的表达及含义。

（2）小组学生采用思维导图展示 Case Study 4-1 中患者的症状、体征、病史、治疗方法、治疗效果、预后等内容。组内分工，搜集并整理相关资料，开展课堂讨论。

(3) 实现教学的知识目标后，通过梳理分析胆囊炎住院患者 G. L. 的基本病情，组织学生分小组进行课堂讨论，关注胆石症诊断技术的进步和发展，引导学生对医学行业的诊疗方案坚持科学态度、秉持科学精神、遵循科学规律、开展科学救治。推荐学生观看关于“中国肝胆外科之父”吴孟超院士的视频，了解吴孟超院士的主要成就、高尚医德和爱党爱国爱民的情怀。

(4) 评价标准：教师和学生现场给展示小组评分。可从内容深度、语言表达、逻辑思维三个方面进行考量。

3. 课后

(1) 视听说部分：推荐学生观看美剧《实习医生格蕾》第二十季第六集，准备演讲稿。上消化道出血最严重的后果是失血过多，导致病人休克甚至死亡，而抢救的首要措施是补充血容量。抢救休克最重要的是先救命，其体现的是“生命至上”的价值理念，它饱含着人文的温度与力量，概括了职业生涯的初衷及为之奋斗的目标与历程。

(2) 疾病文本阅读部分：要求学生查阅中医治疗消化系统疾病的素材，如用膏方调治消化系统疾病。通过加强中华传统文化和中医文化教育对学生进行爱国主义教育，激励学生了解中国文明的灿烂辉煌与中医文化的博大精深，从而激发学生的爱国热情和民族自豪感。

(3) 拓展阅读部分：推荐学生观看美剧《实习医生格蕾》第二十季第六集，针对上消化道出血进行医患沟通的片段，鼓励学生思考如何提高医患沟通能力，促进医患关系和谐发展，加强在校医学生的伦理教育。

(六) 教学反思

本单元课程思政教学设计创新点：

(1) 学科优势：本课程属于专门用途英语范畴。在“新医科”背景下，医学英语是我校临床医学五年制及八年制、口腔医学五年制及八年制、儿科医学五年制及八年制、法医学、眼视光医学、精神医学、放射医学等专业学生的必修课，学生体量大，涉及面广，是我校重点关注的公共课之一。

(2) 教学理念：培养学生医者人文情怀，贯彻“以学生为中心”和“三全育人”的教学理念，深入挖掘医学英语课程中的思政元素，在教学过程中以医学生这个群体为中心，充分考虑其专业对学生素养的要求及医学英语在其日后的学习、生活、职业生涯中的重要作用，结合产出导向法，在教授专业英语的同时，融入思政元素，做到全员、全过程、全方位育人。该课程设计融入社会主义核心价值观，厚植新时代医学生爱国主义情怀。选材贯通了时政元素、医学精神和人文精神。

（3）课程设置：通过“驱动、产出、评价”的教学流程来提高医学英语教学效果和学生的关键能力。从词根和词缀、医学术语、文献阅读、论文写作到口语表达能力逐步提升，完成产出任务，有助于学生更好地掌握英语语言技能，并能够促进学生的全面发展。

（4）教学模式：采用线上和线下相结合的混合教学模式实现课堂教学和自主学习，结合任务型教学和基于问题学习的教学模式，完成课前、课中和课后的教学活动。

（5）教学评价：30%过程性评价结合70%终结性评价。过程性评价包括任务点、作业、主题讨论、课堂展示等。终结性评价为超星学习通平台线上评价后再进行加权。

改进方向：

（1）挖掘更丰富的思政素材，构建线上思政教学素材平台，助力医学英语课程思政教学。

（2）完善医学英语课程思政教学评价体系，科学、合理地评价学生的学习任务，及时、有效地反馈学情分析。

"医学英语"课程思政教学案例
The Cardiovascular System

张 洁 戴月兰

一、课程总览

课程名称：医学英语。

课程类型：大学英语专门用途英语课程。

课程目标：本课程是医学英语入门课程，通过对国外原版材料、文献等的学习，学生能够逐渐熟悉和初步掌握医学英语的特点和规律，学习医学英语词汇的构词法和熟记一定数量的词根（前缀及后缀），掌握专业英语的阅读技能，加强口语交际能力，特别是参与专业活动的实际应用能力，并对本专业的英语论文写作有基本的认识。通过本课程的学习，学生能为将来进一步的深造或参加工作后自学专业知识打下基础，最终能以英语为工具，阅读专业文献，进行国际交流，获得专业所需的外文信息。

授课对象：临床医学（5+3）、儿科学（5+3）、口腔医学（5+3）、临床医学、儿科医学、口腔医学、放射医学、法医学、精神医学、眼视光医学等专业三年级本科生。

授课学时：64 学时。

二、教学设计

（一）案例简介

本案例授课内容出自《医学英语基础教程》中 Unit 5 The Cardiovascular System。课文主题是心血管系统的解剖和生理知识以及常见的临床病例。本课教学除知识点讲授外，还深入挖掘与此对应的中医文化和医患沟通方式，从而引起学生对中医文化的重视，同时培养和谐的医患沟通意识，引领学生树立正确的价值观和人生观，丰富医学英语课程内涵。

（二）教学目标

1. 知识目标

（1）掌握心血管系统常见的词根和词缀。

（2）描述心脏的位置、结构和功能。

（3）描述动脉、静脉和毛细血管。

（4）描述血液组成及血容量。

（5）了解血浆的主要成分。

（6）掌握血细胞类型及其主要功能。

（7）掌握体循环和肺循环的途径。

（8）了解脉搏及血压的概念及应用。

（9）了解常见心血管疾病的病因、临床表现及治疗方法。

2. 能力目标

（1）掌握查找相关医学资料的能力，解决翻译涉及医学知识方面的问题。

（2）提高跨文化交际能力，传播并发扬传统中医理论。

（3）增强医患沟通意识，提高基本业务能力。

（4）培养学生分析问题、解决问题的能力，使其能够根据所学知识对心血管疾病进行初步诊断和治疗。

3. 课程思政目标

（1）尊重差异，求同存异。学习心血管系统医学术语，让学生了解到中西医专业医学词汇命名的缘由，实现人与自然、人与人、人与社会的和谐共生。

（2）中西结合，博采众长。在学习和了解西方医学的同时，采撷中医的思想理论加以对照，从而更深入地了解人体的解剖和生理。

（3）医者仁心，以人为本。引导学生形成良好的医患沟通意识，具备专业的医患沟通技巧和语言能力，建立和谐的医患关系。培养学生的医学职业道德，使其树立关爱患者、为人民服务的意识。

（4）正确的人生观和价值观。引导学生正确看待生命和健康，增强对生命的敬畏之心，树立正确的人生观和价值观。

（三）单元教学内容

医学英语心血管系统共两个单元，总学时为12学时，其中心脏部分为6学时，血液及血管部分为6学时，分四个教学模块进行，具体如下：

（1）医学术语：熟记心血管系统常见词根和词缀，灵活分析各构词成分搭配组合后的含义，注重对医学术语英文解释的阅读、理解和记忆。

（2）主题阅读：心脏的解剖结构和生理学，血液及血液循环。

（3）病例学习：选取四个典型案例——感染性心内膜炎、二尖瓣置换术、血液置换、急性髓细胞性白血病。

（4）听力练习：心血管科室临床病史问诊、临床查房等。

思政教学设计融入医学术语、主题阅读、病例学习三个模块。

（四）思政教学设计

1. 医学术语板块教学安排

（1）课前：鼓励学生提前预习心血管系统中涉及的解剖结构单词、心血管疾病单词和心血管常见治疗手段的单词；同时搜集中医学中与心血管系统相关的术语，思考中医里这些概念如何翻译才能让目标读者理解。

（2）课中：带领学生一起阅读和理解心血管系统相关术语单词的英文释义，引导学生将释义中的重要单词或同义单词进行笔记摘抄；按学号顺序让学生依次在超星学习通平台的讨论区发布课前搜集的中医医学术语单词，并鼓励学生以回帖的方式试着翻译这些中医术语单词。角色扮演：学生和带教医生讨论如何采用中医治疗心血管系统常见病例。

（3）课后：通过查阅课堂推荐的电子字典和医学英语术语网站，比较不同字典或网站提供的英文释义和普通词汇的使用；在学习了西医的术语学之后，请学生思考中医里关于心血管系统的医学名词的命名方式及如何把中医的思想用英文讲明白。部分中医名词及其含义见表 3-1。

表 3-1 部分中医名词及其含义一览表

中医名词	含义
君主之官	君主，指心在脏腑中居首要地位的意思
心包络	简称“心包”，它为心脏的外膜附有络脉，主要起保护心脏的作用
心火	心的代称，心在五行属火，故称心火
五心烦热	指两手两足心发热，并自觉心胸烦热
中风	指脑血管意外等疾患。病可因阴精亏损，或暴怒伤肝，使肝阳偏亢，肝风内动；“类中风”是指类似于中风的症状
厥	即厥症，泛指突然晕倒
心肾不交	心在上焦，属火；肾在下焦，属水

2. 主题阅读板块教学安排

（1）课前：鼓励学生提前浏览主题阅读中关于心脏解剖和生理的文本内容，重点理解重难点句子，并尝试着做笔头翻译，根据文本内容做思维导图。

（2）课中：带领学生一起推敲重难点句子的理解、医学知识的求证以及翻译策略的使用，用红笔修改自己的译文；思维导图以课堂讨论的形式提交到超星学习通平台，对照课文内容完善思维导图。

（3）课后：通过同主题阅读材料了解更多关于心血管系统的解剖结构和生理特点，用红笔将课外阅读的新内容补充到之前的思维导图上，并以作业的方式提交到超星学习通平台。

我国最早关于人体解剖图的医学书，即清咸丰元年（1851 年）上海墨海书馆刊本《全体新论》（图 3-1），为西方医术传入中国较早之著作，著者（英国）合信，陈修堂译，内收大量人体解剖图。请同学们阅读《全体新论》中关于心脏的解剖描述，找出心脏对应的解剖名词，你是怎么理解当年陈修堂在翻译时所采取的翻译策略的呢？想象一下当时他是如何与合信沟通的。

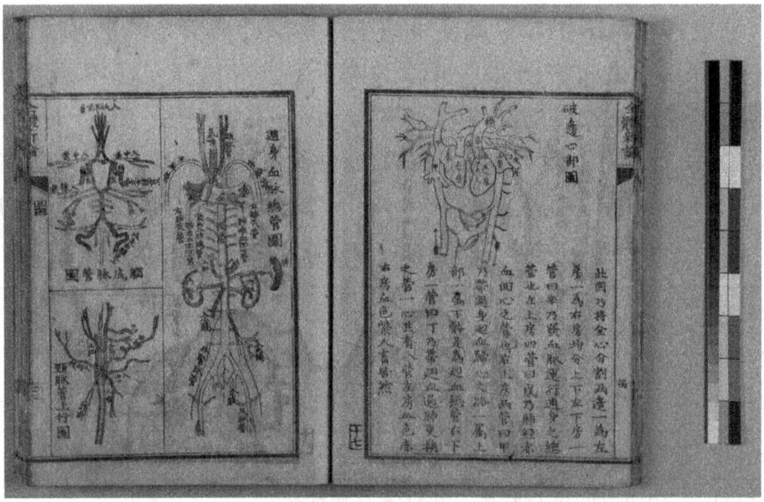

图 3-1 《全体新论》上海墨海书馆刊本书影

3. 病例学习板块教学安排

（1）课前：鼓励学生提前浏览病例文本，并尝试着做英译中的笔头翻译，也可以根据机器翻译的译文进行译文修改，善于发现机器翻译的错误，引以为鉴。

（2）课中：带领学生从选择词语的合适解释、上下文语义的判断以及医学临床知识的查证三个角度来重新审视自己的译文，确认以下几点——理解是否正确？用词是否准确？有没有更好的处理办法？只有正确的理解才能做到“信”；中英文的基本功是保证“达”的关键；修改润色是最后一步，以期能达到“雅”的境界。

（3）课后：根据病例中提及的病史和治疗方案，设计医患对话或医医对话文本，在设计对话文本时注意安排术语的解释策略，下节课小组展示。

（五）教学过程

1. 心血管系统视听说及词汇导入部分

要求学生按照课前安排，分组汇报，汇报形式可多种多样，汇报结束后，进行简要评价，可采用教师评价、生生互评等形式。

（1）小组展示。学生从医学英语教育网站、医学英语视听课堂、中国日报双语新闻上选取文本，汇总了心血管系统相关中英文对照词汇，如：artery（动脉），vein（静脉），capillary（毛细血管），aorta（主动脉），superior vena cava（上腔静脉），inferior vena cava（下腔静脉），mitral valve（二尖瓣），mitral regurgitation（二尖瓣反流），tricuspid valve（三尖瓣），electrocardiogram（心电图），cardiopulmonary bypass（心肺旁路），extracorporeal circulation（体外循环），coronary artery bypass grafting（冠状动脉旁路移植），pacemaker（起搏器），pulmonary circulation（肺循环），systemic circulation（体循环），hemoglobin（血红蛋白），haematocrit（血细胞比容），cell salvage（血液回收），prothrombin time（PT，凝血酶原时间），partial thromboplastin time（PTT，部分凝血活酶时间），disseminated intravascular coagulation（DIC，弥散性血管内凝血），thrombus（血栓），embolus（栓子），acute/chronic myelocytic/myelogeneous leukemia（急/慢性髓细胞性白血病），acute/chronic lymphocytic leukemia（急/慢性淋巴细胞白血病）等。

（2）教师评价结合生生互评。本部分汇报内容相对简单，各组之间相互评价，教师给予补充，现场打分，计入课堂表现。建议学生参考权威报道和参考资料，搜集术语和典型表达并分类整理，上传到超星学习通平台，教师课后进行评价。

2. 心血管系统主题文本阅读部分

学生按照学习大纲完成自主学习，积累心血管系统医学术语，课上完成主题阅读练习，了解心血管系统的器官形态、组织结构和生理功能、心血管系统疾病的病理生理学机制和病理变化特点，以及心血管系统领域的研究热点、研究前沿等。

（1）驱动：提出本模块教学要达成的目标，即口语表达——用英语介绍相关知识。以此为驱动，帮助学生找到提升口语交际能力的方法，明确努力方向，从而提升语言技能学习的积极性。

（2）促成：以学生为中心，教师辅助学生就医学术语、专业文献阅读及语言输入输出展开学习，重点关注专业文献资料中的专业术语、固定句式表达及语言组织特点。通过多个维度的训练，学生能够逐步提升口语交际能力、弥补自身不足，继而能够在医学语境下用英语模拟医患对话，努力提高语言技能。

（3）评价：采用教师评价结合生生互评的方式对汇报小组同学的口语表达进行评价，并提出改进意见。

3. 拓展阅读（病例分析）

本部分内容选自《医学英语基础教程》Unit 5 Cardiovascular System 里的 Case Study 5-2。A. L. 被诊断为二尖瓣脱垂伴反流，转至手术室，仰卧位，给予气管内全身麻醉。要求学生首先能通过本单元所学的词根和词缀分析文本中的医学术语构成并理解其意思，如：echocardiogram，sternotomy，extracorporeal，cardioplegic，annuloplasty，cardiopulmonary，normothermia 等。另外，要求了解医学术语缩略词的表达及含义，如：NSS，CABG，IV，DIC，RBC 等。实现教学的知识目标后，通过梳理分析二尖瓣脱垂伴反流患者 A. L. 的基本病情，组织学生分小组进行课堂讨论，关注二尖瓣置换手术的发展情况，引导学生对医学行业的诊疗方案坚持科学态度、秉持科学精神、遵循科学规律、开展科学救治。

在心血管研究领域，南京医科大学第一附属医院孔祥清教授立足国情，精准对接人民健康需求，注重创新转化，开创了心血管病治疗领域的诸多“先河”，如在国际上首次建立无创体外超声治疗高血压的方法，使中国在室间隔缺损介入治疗领域领跑全球。同时，作为学科带头人、“全国黄大年式教学团队”负责人，他重视人才培养和团队建设，用精湛的技术、先进的理念和坚定的大医精神点亮青年医学生和医生的医学梦想，积极推进全民心血管病科普教育，获“全国五一劳动奖章”，被评为“全国优秀科技工作者”，入选国家百千万人才，获“国家有突出贡献中青年专家”称号。请在课外阅读孔教授的具体事例。

（六）教学反思

18 世纪英国翻译理论家 A. F. 泰特勒指出，好的翻译是把原作的长处完全移注到另一种语言里，使得译文语言所属国家的人们能清晰地领悟、强烈地感受，正像使用原作语言的人们所领悟、所感受的一样。

语言的学习翻译活动可以直接呈现学生对原文的理解能力和语言表达能力。心血管系统疾病很多都涉及急诊科和外科，良好的医患沟通是任何治疗手段的前提，也是医务工作者必备的技能，所以，了解并掌握心血管系统相关术语和表达的英文表述，对医学生来说至关重要。

医患沟通是良好医患关系的开始和建立良好医患关系的基本保证，而语言是医患沟通的最基本媒介和方式，所以在语言学习中首先要强化为什么学，然后学生才能有积极性，更好地配合教学活动。

本单元课程思政教学设计创新点：

（1）学科优势：本课程属于专门用途英语范畴。在“新医科”背景下，医学英语是我校临床医学五年制及八年制、口腔医学五年制及八年制、儿科医学五年制及八年制、法医学、眼视光医学、精神医学、放射医学等专业学生的必修课，学生体量大，涉及面广，是我校重点关注的公共课之一。

（2）教学理念：培养学生医者人文情怀，贯彻“以学生为中心”和“三全育人”的教学理念，深入挖掘医学英语课程中的思政元素，在教学过程中以医学生这个群体为中心，充分考虑其专业对学生素养的需求以及医学英语在学生日后的学习生活、职业生涯中所展示的重要作用，在教授专业英语的同时，融入思政元素，做到全员、全过程、全方位育人。该课程设计融入社会主义核心价值观，厚植新时代医学生爱国主义情怀。选材贯穿了时政元素、医学精神和人文精神。

（3）课程设置：通过“驱动、产出、评价”的教学流程来提高医学英语教学效果和学生的应用能力。从词根和词缀、医学术语、文献阅读、论文写作到口语表达逐步提升，完成产出任务，帮助学生更好地掌握英语语言技能，促进学生的全面发展。

（4）教学模式：采用线上和线下相结合的混合教学模式实现课堂教学和自主学习，结合任务型教学和基于问题学习的教学模式，完成课前、课中和课后教学活动。

（5）教学评价：30%过程性评价结合70%终结性评价。过程性评价包括作业、任务点、音视频、主题讨论、随堂测试、课堂展示等。终结性评价为超星学习通平台线上评价后再进行加权。

改进方向：

（1）挖掘更丰富的思政素材，构建线上思政教学素材平台，助力医学英语课程思政教学。

（2）完善医学英语课程思政教学评价体系，科学、合理地评价学生的学习任务，及时、有效地反馈学情分析。

第四章　英语专业课程

“英语演讲与辩论”课程思政教学案例
Promoting Mutual Benefit

薄蓉蓉

一、课程总览

课程名称：英语演讲与辩论。

课程类型：英语专业核心课程。

课程目标：熟悉英语演讲和辩论的基本理论，包括演讲的结构、语言特点、修辞技巧以及辩论的规则、流程和策略；掌握中国当代社会、政治、经济、文化等方面的基本知识和概念；培养学生的公共演讲和辩论技巧，包括非语言沟通、肢体语言、声音控制及构建有效的辩论论点的能力和逻辑推理能力；增强学生的批判性思维能力，使其能够对中国及国际问题进行深入分析和讨论；引导学生正确认识中国与世界的关系，培养具有国际视野和本土情怀的复合型外语人才；增强学生的国家意识和民族自豪感，引导其通过英语演讲和辩论活动展示中国的发展成就和文化魅力。

授课对象：英语专业二年级本科生。

授课学时：36 学时。

二、教学设计

（一）案例简介

本案例授课内容出自《理解当代中国英语演讲教程》第九单元互利共赢（Unit 9 Promoting Mutual Benefit）。单元的第一篇学习材料讲述了共建“一带一路”倡议受到全球广泛关注的原因及其对中国和世界的积极影响。第二篇学习材料说解了“丝路精神”这一核心概念。为了服务于医学院校特有的人才培养目标，教师围绕“一带一路”话题增补了与

"人类卫生健康共同体（A Global Community of Health for All）" 和中国援外医疗相关的学习材料。一方面，学生能够阐释共建"一带一路"倡议的背景、目的、意义，了解中国在国际事务中的贡献度和影响力，认识到中国智慧和中国方案在全球治理中的重要性，体会中国在全球发展中的大国担当。另一方面，学生能够深入理解共建"一带一路"倡议在推动全球健康和国际医疗合作中的作用，以及中国在构建"人类卫生健康共同体"中的积极贡献，提升专业素养，拓宽国际视野，增强使命感和责任感。

（二）教学内容

本单元教学从演讲技能层面和"一带一路"主题内容层面两个部分展开。

1. 演讲技能层面

（1）说解性演讲的四大类型：与实物（Objects）相关的说解、与过程（Process）相关的说解、与事件（Events）相关的说解、与概念（Concepts）相关的说解。

（2）概念的定义：概念包括信仰（Beliefs）、理论（Theories）、思想（Ideas）、原理（Principles）等。

（3）说解概念的常见方法：话题顺序法（Topical order）。

（4）说解概念的"两个避免"：避免使用行话（Avoid jargons），避免抽象化表述（Avoid abstractions）。

2. "一带一路"主题内容层面

（1）共建"一带一路"倡议的背景、目的、里程碑事件、意义。

（2）共建"一带一路"倡议的医疗卫生视角解析："人类卫生健康共同体"的理念。

（3）"丝路精神"与"健康丝绸之路建设"的核心要义。

（三）教学目标

1. 知识目标

（1）区分说解性演讲的四种类型。

（2）理解说解性演讲中"概念"的定义。

（3）掌握与共建"一带一路"倡议、"丝路精神"、"健康丝绸之路建设"等概念相关的英语表述。

2. 能力目标

（1）通过课前自主学习任务、课中填空任务，帮助学生阐释共建

“一带一路”倡议的背景、目的和意义，培养学生清晰、生动说解概念的能力。

（2）围绕“人类卫生健康共同体”设计脑图任务，帮助学生厘清“话题顺序法”在说解概念时的运用方式，培养学生的逻辑思维能力。

（3）围绕“丝路精神”学习材料设计仿写任务，引导学生将使用例子（Examples）、对照描写（Antithesis images）等方法运用于说解“健康丝绸之路”，培养学生的知识迁移能力。

（4）基于学生课堂演讲作品及生成式人工智能软件产出语篇设计对比任务及课后自主学习任务，帮助学生发现问题和不足，反思和总结说清概念的策略，培养学生的批判性思维能力。

3. 课程思政目标

（1）通过说解共建“一带一路”倡议的背景、目的、意义，引导学生了解中国在国际事务中的贡献度和影响力，认识到中国智慧和中国方案在全球治理中的重要性，体会其在全球发展中的大国担当。

（2）通过说解热词“人类卫生健康共同体”和开展围绕援外医疗设计的项目活动，引导学生理解共建“一带一路”倡议在推动全球健康和国际医疗合作中的作用以及中国在构建“人类卫生健康共同体”中的积极贡献，提升学生的专业素养，拓展其国际视野，强化使命感和责任感。

（四）理念方法

基于成果导向理念（Outcome-Based Education，OBE），以预期学习成果为驱动进行反向教学设计。本单元的预期成果是向外国学生宣讲共建“一带一路”倡议中的“健康丝绸之路建设”，展示时长 2 分钟。为了帮助学生完成预期成果，教师创新性地构建了 5P 教学模型来设计课堂教学活动。学生在课前驱动（Preview）环节明确具体的成果要求；在理论促成（Principle）和实践演练（Practice）环节，实现演讲理论与实践的良性互动，发展知识迁移能力；在反思改进（Progress）环节发现问题并持续改进，使演讲成果循环迭代；在成果产出（Product）环节展示成果，并评价教学目标的达成情况。

在教学过程中，教师采用混合式教学模式和任务型教学法来串联教学活动。

1. 混合式教学模式

在课前预习阶段，教师依托网络平台发布自制微课《与概念相关的说解性演讲》（*Informative Speeches about Concepts*），要求学生观看视频并回答两个问题：What are the four types of informative speeches? What is the definition of concept? 微课讲授了说解性演讲的四种类型，重点讲授了与概念相关的说解，是本单元演讲技能部分需要学生掌握的知识点。教师将其设计在课前自主学习环节中，便于通过后台监控学生是否自学、自学时长及自学效果，及时反馈和给出评价，培养学生自主学习的能力。同时，教师在线下课中只需通过简单问答帮助学生概括要点，提高了线下教学的效率。

在课后作业阶段，教师在网络平台上传了一节自制的微课《支撑材料》(*Supporting Materials*)，请学生利用微课中教授的方法和策略进一步完善和改进各自的课堂演讲成果。学生拍摄自己的演讲并将其上传至网络平台，教师给出反馈并评分，此分数占期末总评成绩的10%。教师汇总学生的演讲视频，并在后续的线下课堂中针对学生演讲视频中的优缺点展开指导和点评，形成“线上+线下”学习的闭环。这个作业是对课堂学习内容的检验和升华，培养了学生运用支撑材料“讲好中国故事”“讲好医学故事”的能力。

2. 任务型教学法

在教学设计中，教师依照循序渐进的原则设计了一系列任务（表4-1)，帮助学生完成最终的学习成果的整理与展示。

表 4-1 教师设计的任务及其过程和目的一览表

任务	过程	目的
任务一：填表任务	学生阅读课本材料，填写表格并进行口头汇报	帮助学生理解共建“一带一路”倡议的原则和目标，提高他们的信息整理和口头表达能力
任务二：脑图任务	学生分组讨论并绘制思维导图，基于导图说解“人类卫生健康共同体”概念	培养学生的团队协作能力和逻辑思维能力，让他们学会使用“话题顺序法”清晰表达概念
任务三：仿写任务	学生基于课本材料，运用实例、对照描写等方法完成仿写任务	锻炼学生的知识迁移能力，让学生学会如何有效地使用实例和对照描写来解释复杂的概念
任务四：对比任务	学生对比人工智能软件生成的语篇，归纳说解概念的策略，并根据策略修改自己的演讲	培养学生的批判性思维能力，帮助学生识别有效和无效的说解方法，进而优化自己的演讲内容

（五）教学过程

1. 课前

课前，学生在超星学习通平台任务点模块完成三项自主学习任务：预习章节微课《与概念相关的说解性演讲》（*Informative Speeches about Concepts*）；预习课文《推进“一带一路”建设，努力拓展改革发展新空间》（*Promote the Belt and Road Initiative, Extend Reform and Development*）；预习《中国日报》英语新闻《健康之路》（*Road to Good Health*）。

2. 课中

课中教学环节、教学活动及达成目标见表 4-2。

表 4-2 课中教学环节、教学活动及达成目标

<table>
<tr><th>教学环节</th><th>教学活动</th><th>达成目标</th></tr>
<tr><td rowspan="2">课前驱动</td><td>检测预习效果：
线下课伊始，教师即展示四个说解性话题实例，请学生判断分别属于哪一种类型，检测学生是否学习了微课并能否区别说解性演讲的四种类型，由此引出本单元演讲技能层面的学习重点：说清概念

教师进一步提问：Why the initiative has attracted considerable attention from the international community and what benefits is it bringing to China and the world? 通过问答检测学生对“一带一路”文本学习材料要点的掌握和理解情况，并引出单元学习主题：互利共赢</td><td rowspan="2">知识目标：学生能够区分说解性演讲的四种类型，理解共建“一带一路”倡议的背景和意义
能力目标：学生能够通过回答检测问题，展示其对预习材料的理解和掌握
课程思政目标：通过讨论和问答，引导学生认识到共建“一带一路”倡议的重要性和中国的国际影响力</td></tr>
<tr><td>明确成果要求：
教师告知学生在完成本单元学习后需要产出的成果：在学校举办的中外学生交流活动中宣讲“健康丝绸之路建设”，展示时长 2 分钟</td></tr>
</table>

续表

<table>
<tr><th>教学环节</th><th>教学活动</th><th>达成目标</th></tr>
<tr><td rowspan="2">理论促成</td><td>填表任务：
学生阅读课本学习材料，填写表格并完成口头汇报。表格内容涉及共建“一带一路”倡议的原则和目标
<table><tr><th colspan="2">The Belt and Road Initiative</th></tr><tr><td rowspan="3">Principles</td><td>extensive consultation</td></tr><tr><td>joint contribution</td></tr><tr><td>shared benefits</td></tr><tr><td rowspan="5">Major focuses</td><td>policy coordination</td></tr><tr><td>connectivity of infrastructure</td></tr><tr><td>unimpeded trade</td></tr><tr><td>financial integration</td></tr><tr><td>closer people-to-people ties</td></tr></table></td><td rowspan="2">知识目标：加深学生对共建“一带一路”倡议原则和目标的理解
能力目标：培养学生的信息整理能力、口头表达能力和逻辑思维能力
课程思政目标：通过脑图任务，引导学生深入理解“人类卫生健康共同体”的概念，强化其对全球健康合作的认识</td></tr>
<tr><td>脑图任务：
学生观看《中国日报》新媒体新闻，学习英国小哥对热词“人类卫生健康共同体”的介绍，4—6人为一组，讨论并绘制思维导图。基于思维导图说解“人类卫生健康共同体”的概念。学生通过完成此项任务，理解并学会运用“话题顺序法”说清概念</td></tr>
<tr><td>实践演练</td><td>仿写任务：
基于课本学习材料“Work Together to Build the Belt and Road”（《携手推进“一带一路”建设》），教师提出三个问题：
In what order are the different aspects of the concept presented?
What examples and stories attract you most and why are they important in informative speeches?
How does the language help achieve the goal of informative speech about the Belt and Road Initiative?
学生讨论并归纳学习材料的主要特点。学习材料采用“话题顺序法”撰写，通过四个子话题（Sub-topics）说清“丝路精神”这一概念。此外，在说解过程中，文本呈现了实例（Examples），运用了实词（Concrete words），使用了对照（Antithesis）的修辞手段，三者结合使“丝路精神”这一概念得到生动清晰的阐释
学生运用上述方法完成仿写任务，实现本课学习成果的第一次产出：在学校举办的中外学生交流活动中宣讲“健康丝绸之路建设”，展示时长2分钟。学生已在自主学习阶段预习</td><td>知识目标：学生掌握与共建“一带一路”倡议、“健康丝绸之路建设”等概念相关的英语表述
能力目标：通过仿写和演讲，提高学生的英语演讲能力和知识迁移能力
课程思政目标：通过演讲展示，让学生展示中国在“健康丝绸之路建设”中的积极作用和贡献，增强他们的国家意识和民族自豪感</td></tr>
</table>

续表

教学环节	教学活动	达成目标
实践演练	了《中国日报》英语新闻《健康之路》，已对“健康丝绸之路建设”的背景、举措及其相关的英语表达有了初步的了解，线上自主学习活动为线下成果产出提供了语言和内容上的支持	
	演讲展示： 教师邀请部分学生上台展示仿写成果。此任务旨在检测语言输出（Output）效果，实现演讲理论与实践的良性互动	
反思改进	对比任务： 教师展示两个由人工智能软件生成的语篇，都说解了同一个概念——“健康丝绸之路建设”。教师请学生对比两个语篇，通过探究式提问和评价清单引导学生归纳说解概念的策略：避免使用行话和抽象化表述	知识目标：学生学会如何避免使用行话和抽象化表述，清晰说解概念 能力目标：通过对比和反思，提高学生的批判性思维能力和演讲内容的质量 课程思政目标：通过反思和改进，进一步强化学生对共建“一带一路”倡议和中国在全球卫生健康合作中的作用的理解
	后续支持： 教师播放介绍中国援外医疗队英文短视频，引介影视作品中讲述的中国援外医疗小故事，进一步引导学生将案例、故事运用于自己的演说中，解决抽象化表述等问题，增加演讲的生动性 学生运用在之前环节学到的反思和总结的策略方法进一步修改自己的演讲成果	
成果产出	教师再次邀请部分学生展示，教师和学生基于评价清单再次开展联合评价、及时评价	知识目标：学生能够综合运用所学知识，清晰、准确地说解“健康丝绸之路建设”概念 能力目标：学生能够展示高水平的英语演讲能力，语言准确、流畅、生动和有说服力 课程思政目标：通过成果展示，学生能够自信地向外界传达中国的发展理念和国际合作精神，增强使命感和责任感

3. 课后

学生在超星学习通平台自主学习教师自制微课《支撑材料》(*Supporting Materials*)。该微课讲授了演讲中的三种支撑材料：例子、数据、证言。囿于课堂时间限制，学生在线下课只重点学习了使用例子这一方法，因此，该节微课是对课堂讲授内容的拓展和延伸。教师请学生利用微课中教授的方法和策略进一步完善和改进各自的课堂演讲成果，拍摄自己的演讲并将作品上传至超星学习通平台作业模块，此项作业占期末总评成绩的10%。

（六）教学反思

本课程采用了基于成果导向理念的教学设计，通过5P教学模型(Preview, Principle, Practice, Progress, Product)有效地引导学生从理论到实践，再从实践到反思，最后产出成果。这种设计有助于学生系统地掌握知识，提高演讲技能。

教学内容紧密结合共建“一带一路”倡议，通过案例分析、讨论、仿写和演讲等多种形式，使学生能够深入理解并有效表达相关概念。然而，部分教学活动在时间安排上略显紧张，未来可以考虑适当调整各环节的时间分配，确保学生有充足的时间进行思考和练习。

课程在传授英语演讲技巧的同时，注重融入思政教育，引导学生正确认识中国的发展和其国际地位。通过讨论共建“一带一路”倡议、“人类卫生健康共同体”、“健康丝绸之路建设”等概念，增强了学生的国家意识和民族自豪感，但思政教育的深度和广度仍有提升空间，需要进一步探索更有效的融入方式。

“英国文学与美国文学选读（二）” 课程思政教学案例 The Cask of Amontillado

刘 坤 李 青

一、课程总览

课程名称：英国文学与美国文学选读（二）。

课程类型：英语专业核心课程。

课程目标：“英国文学与美国文学选读（二）” 是英语系三年级学生的专业课程。该课程包括 26 学时的理论授课和 6 学时的自主学习，是一门以美国历史与文化为底色，与文艺学、西方美学乃至哲学都有着密切关联的课程。本课程旨在让学生对美国文学的全貌形成较为清晰的了解，并通过细读经典美国文学作品，把握美国文学发展的历史及不同时期的文学风貌、文学批评话语及阅读技巧等。通过这门课程的学习，学生将在文明互鉴背景下品鉴美国文学经典的精华；掌握文学批评的基本知识和方法，增强对美国文学的发展脉络的了解；提升文本细读能力和文学审美能力。“英语国家概况”“英国文学与美国文学选读（一）” 等课程的学习将为本课程的开展奠定良好的基础，本课程同时也会为学生后续的毕业论文撰写提供帮助。课堂主要以小组为单位进行讨论和汇报，班级人数 20 人左右，一般分为 4—5 组，互动效果良好。

授课对象：英语专业三年级本科生。

授课学时：32 学时。

二、教学设计

（一）案例简介

本案例授课内容出自《美国文学选读》（第三版）中 Unit 2 The Cask of Amontillado（《阿芒提拉多的酒桶》）。这是美国作家爱伦·坡的代表作之一，也是公认的美国经典短篇小说，讲述了主人公蒙特利瑟复仇的故事。本单元选文的难点首先在于 19 世纪美国短篇小说的写作方式、语言风格与伦理导向与学生熟悉的当代小说有较大差别。其次，爱伦·坡笔下的主人公大多存在人格上的缺陷，具有明显的病态心理，这也给文本解读带来了一定的困难。如果仅从文学修辞的角度，按照传统的文本细读的方式去解读爱伦·坡小说的主题意蕴，就无法挖掘和理解小说中的医学元素。为了解决这个问题，作者采用“产出导向法”，以“场景”驱动学生，将“以病人为中心”的医学人文理念贯穿至文本细读的始末，既能为产出目标服务，又实现了课程的育人目标。

（二）教学目标

1. 知识目标

（1）能够了解爱伦·坡作为小说家的主要文学贡献和作为评论家的小说美学观。

（2）能够理解文学作品中的象征和文学象征主义的含义。

（3）能够理解双关、异序词等修辞手法在文学作品中的使用。

2. 技能目标

（1）能够提炼爱伦·坡小说中反复出现的象征并理解其意义。

（2）能够通过爱伦·坡小说中反复出现的话语来解读作品的深层含义。

（3）能够通过爱伦·坡小说在象征、细节等方面的“反常”解析作品的主题。

3. 课程思政目标

（1）通过在文本细读时强调对待病人应具有的同理心和同情心，能够平等地看待每个生命个体，以尊重和理解的态度对待有心理缺陷的病人。

（2）通过病人的视角进入文本，能够认同病人作为人的价值，以及病人与正常人“共享的人性”，并由此加深对于人类命运共同体的理解和体认。

（3）通过对病人的心理状态的剖析，能够意识到心理健康和遵纪守法的重要性，努力成为身心健康、善待他人、具备人文关怀能力的公民。

说明：三个层面的目标具有内在关联。课程教学遵循“产出导向”，知识层面和技能层面的目标都是通过融合医学人文关于“以病人为中心”或“以人为中心”的理念与文学细读的技巧来实现的，课程思政目标为隐形目标，育人元素渗透到教学全方位、全流程。

（三）单元思政教学设计

单元教学基于“产出导向法”展开，遵循“驱动—促成—评价”流程，全程共 6 学时。学时分配与教学材料如表 4-3 所示。

表 4-3 学时分配与教学材料使用

教学环节	教学目标	学时	教学材料
单元驱动	激发学生的好奇心和学习兴趣	0.5	(1) 作者设计的产出场景 (2) 补充材料 1：19 世纪初美国文学和作家爱伦·坡的背景知识材料
单元促成	子目标 1： 根据小说中蒙特利瑟身处环境中的象征意象分析蒙特利瑟的病态心理	1.5	(1) 补充材料 2：艾布拉姆斯的经典论著《文学术语词典》（第 9 版）对于象征、象征主义的定义：358-361 (2) 课文 Para. 1-Para. 81：小说中蒙特利瑟成为"恶魔"、坠入"地狱"的象征
	子目标 2： 根据小说中蒙特利瑟的话语分析蒙特利瑟的病态心理	1.5	(1) 补充材料 3：艾布拉姆斯的经典论著《文学术语词典》（第 9 版）对于二元对立的定义：p. 71-72，p. 297 (2) 课文 Para. 3-Para. 64：小说中的二元对立对蒙特利瑟的病态心理的映射
	子目标 3： 根据小说中蒙特利瑟的内心独白分析蒙特利瑟与正常人"共享的人性"	1.5	(1) 课文 Para. 49-Para. 60：小说中多处"反常"的细节彰显人性的复杂 (2) 课文 Para. 70-Para. 81：小说中的双关与蒙特利瑟心理状态的变化
单元评价	对学生的表现进行评价	1	自制评价单

1. 单元驱动

驱动场景

你即将参加文学与医学跨学科学术研讨会，需要在会议分论坛"爱伦·坡恐怖小说与医学人文"做小组汇报。作为大会发言人，你将如何汇报？

说明：为了便于学生理解，产出总目标被细分为 3 个子目标（图 4-1）。

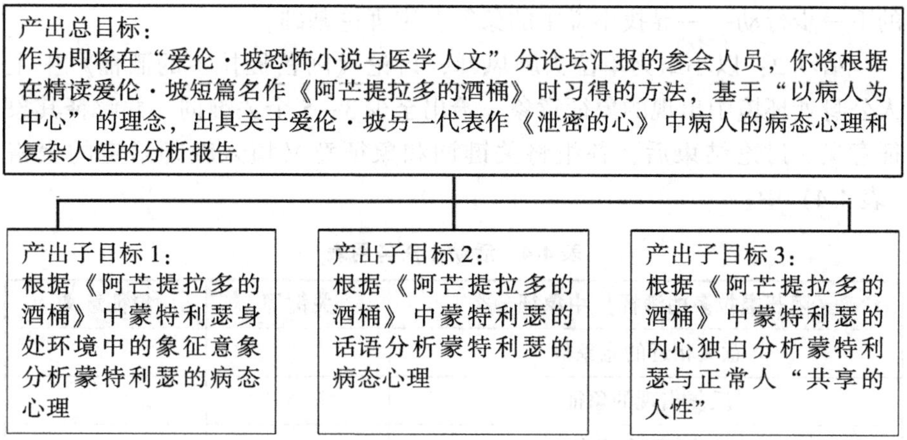

图 4-1 产出总目标细分情况

驱动流程

（1）课前：询问学生如果要分析爱伦·坡的恐怖小说中主人公的病态心理，应该从哪些方面入手？学生需要提前阅读教师发布在超星学习通平台的补充材料 1 “19 世纪初美国文字和作家爱伦·坡的背景知识材料”，了解相关背景知识。

（2）课中：① 呈现驱动场景；② 邀请学生小组讨论、准备答案、小组代表发言；③ 点评学生的产出表现，分析其产出困难，解释本单元教学目标。

（3）学生产出困难分析：① 对于爱伦·坡小说的理解仅限于故事情节，无法辨识小说中反复出现的文学中的经典象征意象；② 能够列举出专业的心理学术语，但对于术语的内涵一知半解，无法将其融入文本分析；③ 对于有病态心理和犯罪行为的小说人物的理解过于片面和脸谱化，无法体认人性的复杂。

2. 单元促成

促成子目标 1：根据《阿芒提拉多的酒桶》中蒙特利瑟身处环境中的象征意象分析蒙特利瑟的病态心理。

活动 1：以小组为单位随堂抢答，解释教师所出示图片的象征意义。

活动设计理据：通过阅读补充资料 2，学生在课前能基本了解象征和象征主义的定义。课堂的抢答环节是为了加深学生对于象征类型的认识，即作家在文学创作时既有可能使用意义已然约定俗成的传统象征，亦可能使用个性化的、意义有无限延展空间的非传统象征。这将为学生的下一步行动——寻找小说中的象征奠定理论基础。

活动 2：以小组为单位头脑风暴，讨论《阿芒提拉多的酒桶》中主人公身处环境中出现的象征意象，给出至少 3—5 个关键词，并解释其象征意义。讨论结束后，各组将关键词和象征意义填入教师给定的表格（表 4-4）中。

表 4-4 活动 2 任务用表

《阿芒提拉多的酒桶》中象征分类	关键词	象征意义
意义相近的意象群		
反复出现的象征		
“反常”的象征		

活动设计理据：学生尝试理论结合实践，依照活动 1 对象征的理论认知，以小组合作的方式寻找小说中的象征元素，培养关注小说情节以外内容的阅读习惯。在各组进行互补式发言后，教师会通过表格题让学生意识到《阿芒提拉多的酒桶》中象征的不同维度，训练其审查文本肌理的能力。这不仅为后续活动中象征与主人公病态心理的勾连打下基础，也是整个教学设计中为学生搭建文学细读脚手架的第一步。

活动 3：找出表格中的象征对应的小说原文，思考这些象征如何揭示主人公的内心世界和小说的主题意蕴，完成表格（表 4-5）。

表 4-5 活动 3 任务用表

《阿芒提拉多的酒桶》中象征分类	象征	象征意义	主题意义与主人公的病态心理
意义相近的象征	vaults, crypt, catacombs, the remains and bones, De Grave	Death	
反复出现的象征	the flambeaux, torch; jingling of the bells	Light of life; Death	
“反常”的象征	Montresor	His outfit: God of Death	

活动设计理据：“以病人为中心”的医学人文理念强调医者应关注病人在医疗环境之外的社会历史因素和环境因素。在活动 1 和 2 的基础上，学生逐步理解了小说中不同维度的象征意义，而后将医学人文的理

念融入文本细读中，得出爱伦·坡在对环境的描写中反复使用的死亡象征同时也映射着蒙特利瑟阴暗恐怖的内心世界的结论，整个文本再现了蒙特利瑟成为“恶魔”、坠入“地狱”的过程。至此，促成子目标 1 的三个活动环环相扣，在传授文本细读方法的同时让学生体认到关注病人身处的环境对于了解病人心理状态的重要性。

促成子目标 2：根据《阿芒提拉多的酒桶》中蒙特利瑟的话语分析蒙特利瑟的病态心理。

活动 1：通过超星学习通平台随机选取 3—5 组学生，每组由 A、B 两名学生组成，在黑板上书写一对文学作品中的二元对立（表 4-6）。

表 4-6　活动 1 任务用表

Group 1	Group 2	Group 3	Group 4	Group 5
A：	A：	A：	A：	A：
B：	B：	B：	B：	B：

活动设计理据：通过阅读补充资料 3，学生在课前理应了解何为文学作品中的二元对立。课堂的随机配对是为了考查学生对二元对立这个概念的理解是否准确，也为学生下一步解密《阿芒提拉多的酒桶》中的二元对立打下基础。

活动 2：阅读课文 Para. 3—Para. 64，尝试发现小说中关于蒙特利瑟的二元对立，而后根据教师的提示单，即《阿芒提拉多的酒桶》中蒙特利瑟重复言说的话语，基于小说中关于蒙特利瑟的二元对立，分析蒙特利瑟的病态心理。

活动设计理据：“以病人为中心”的医学人文理念呼吁医者以尊重、理解的态度对待病人，不能将病人归为疾病的载体，而是应当首先将病人视同为人。在这个活动中，教师延续促成子目标 1 的做法，借助提示单再次为学生搭建文本赏析的脚手架，让学生继续通过归纳总结作品中反复出现和“反常”的内容去分析出人物的病态心理。在这个过程中，学生能够在真正意义上平等地看待每个生命个体，包括有心理障碍和人格缺陷的病人。

促成子目标 3：根据《阿芒提拉多的酒桶》中蒙特利瑟的内心独白分析蒙特利瑟与正常人“共享的人性”。

活动 1：阅读课文 Para. 49—Para. 60 和 Para. 70—Para. 81，小组内展开讨论，找出蒙特利瑟内心独白里反复出现和“反常”的细节，讨论结束后各组依次发言，指出反复出现的细节所在并论述“反常”所在。

活动设计理据：在这个活动中，教师继续为学生搭建文学赏析的脚手架。引导学生在没有任何理论关键词的提示下，根据此前教学活动中反复训练的，借助对文本中的反复出现和“反常”的细节的观察，去探寻文本中的悖论和意义的生发点。

活动 2：组间互评，每组分别点评其他各组找出的反复出现的细节能否或如何揭示蒙特利瑟的人格特性，以及其他组论述的“反常”是否成立。教师就生生互评给出及时反馈。

活动设计理据：学生在活动 1 中找出的所谓反复出现和“反常”的细节大多与蒙特利瑟的人格特性或小说的意旨没有太大关联，设计生生互评的环节是为了让学生在点评的过程中发现别人的逻辑漏洞，继而跳出固有思维模式，反推自己提炼的细节的不合理之处。在这个环节，对反复出现和“反常”的细节的筛选将助力学生更好地进入活动 3 的讨论，继而完成该部分的促成目标。

活动 3：根据活动 1、2 的讨论和点评凝练出小说后半部分反复出现和“反常”的提示单，回答三个问题——为什么蒙特利瑟会把藏在衣服里的作案工具暴露出来？为什么蒙特利瑟在已经待了很久的地窖突然感到恶心？为什么蒙特利瑟最后会说“愿你安息”？

活动设计理据：“以病人为中心”的医学人文理念更多的是从病人的视角出发，要求医者通过病人的眼睛进入病人的世界，并以此获得对病人经历的理解与共情。学生再次根据提示单进入文本，重新品鉴这部分反复出现和“反常”的细节时，便能体认到蒙特利瑟的几次非正常的生理反应和内心独白所反映出的人性的复杂。在提问环节，教师会引导学生去辨析蒙特利瑟对于夺人性命一事的犹豫、胆怯和内疚。这个活动让学生从病人视角看到了蒙特利瑟所具备的与正常人“共享的人性”，由此加深对于“人类命运共同体”的感知与理解。教师在活动的最后会提醒学生蒙特利瑟在现实生活中将无法逃脱法律的制裁，他的内心会备受折磨，并最终为自己的行为付出生命的代价。结合蒙特利瑟的心路历程，学生也能更深刻地意识到心理健康和遵纪守法的重要性，努力成为身心健康、善待他人和具备人文关怀能力的公民。

3. 单元评价

教学流程：

步骤 1：学生再次进入产出场景，以小组为单位制作关于《泄密的心》中反复出现和“反常”的象征、反复出现的话语及“反常”细节的提示单，将提示单上传超星学习通平台，各组根据提示单中对应的三个子任务生成关于《泄密的心》中病人的病态心理和复杂人性的分析汇报，汇报时间为3—5分钟。教师明确考核要点：三个子任务的完成度；充分体现“以病人为中心”的医学人文理念；提示单的清晰度。

步骤2：各组依次上台汇报。从产出任务的完成度、医学人文理念的融会贯通、学生互评清单的清晰度（表4-7）三个维度给其他组的汇报做评价，递交完整的评价表格。

步骤3：老师挑选典型样本，重点从三个维度带领学生评价并修改典型样本。

表4-7　学生互评清单

评价维度	评价细则	是/否完成	评语
（1）三个子任务的完成度	有没有重要内容的缺失？ 有没有体现三个子任务的内在关联？		
（2）体现“以病人为中心”的医学人文理念	有没有将“以病人为中心”的批评视野融入文本分析和文本细读中？ 是否在论述过程中体现医学人文关怀的思想？		
（3）提示单的清晰度	提示单上的表述是否清晰？ 提示单上筛选的信息是否能够有效传达关于主人公病态心理和小说主题思想等重要信息？		

步骤4：学生结合课堂上教师教授的内容和生生互评的意见，评价自己在三个方面的表现，修改汇报内容并将其生成文字稿，提交至超星学习通平台，全班同学于课后评选出优秀报告。

评价设计理据：评价环节融合了教师线下及时点评、生生线下及时互评、生生线上延时互评等多重评价方式，能够进一步提升学生的学习效果。

4. 补充材料（表 4-8、表 4-9）

表 4-8　本次教学设计补充思政教学资源列表

资源名称	编者	出版社和出版年	推荐阅读
《全球化视野下的医学人文》	程瑜、姚克勤	中山大学出版社，2019 年	《医学与文学：对医学院人文教育的反思》，第 60–85 页 《文学与“以病人为中心”的治疗》，第 176–206 页
《人文与叙事：文学中的医学》	杨晓霖	暨南大学出版社，2018 年	《虚构作品中的精神变态人物》，第 55–63 页 《处处是分身：文学对身体自我研究的贡献》，第 70–106 页 《巴尔扎克文学作品中的医生形象》，第 160–169 页

表 4-9　本次教学设计补充材料列表

具体信息	补充材料 1	补充材料 2	补充材料 3
书名	《美国文学简史》（第 3 版）	*A Glossary of Literary Terms*（Ninth Edition）	*A Glossary of Literary Terms*（Ninth Edition）
著者	常耀信	M. H. Abrams	M. H. Abrams
出版社、出版年	南开大学出版社，2008	*Wadsworth*，2009	*Wadsworth*，2009
页码	104–115	358–361	71–72，297

"基础英语写作"课程思政教学案例
Argumentation

黄　璐　李　想

一、课程总览

课程名称：基础英语写作（一）。

课程类型：英语专业核心课程。

课程目标：帮助学生掌握英语常见体裁的写作技能、提升学生体裁意识。

授课对象：英语专业一年级本科生。

授课学时：32 学时。

二、教学设计

（一）学情分析

本课程专为英语专业一年级本科生设计，这些学生已经掌握了相对基础的英语语法、词汇和写作技巧。然而，在从高中到大学的关键过渡时期，学生们面临着诸多挑战。

社会环境发生了巨大变化。随着信息爆炸和人工智能的出现，学生的数据素养已成为一个重要目标。他们必须适应这一重大变化，利用人工智能和网络资源促进学习，帮助独立解决问题。此外，由于近期一些院校英语专业的关停和缩招，学生对英语专业的兴趣降低，他们对自己的英语专业身份产生了怀疑。因此，培养他们的自信心，加强他们对所学专业的认同感至关重要。

学习模式从接受型向自主型过渡是一项紧迫的任务。英语专业的大一新生正从以考试为中心、以记忆和重复为主的高中环境过渡到以自主学习、批判性思维和独立探究为主的大学环境。随着线下课堂的减少，学生们不得不改变自己的习惯。现在，学生不应仅仅依赖课堂和教师获取知识，而应培养元认知技能，使他们能够设定自己的学习目标，指导自己的教育过程，并反思自己期望取得的学习成果。

培训目标已从注重知识和考试技能转变为提高他们的综合能力，包括数据素养、批判性思维和文化意识。基于语言、文化和技能三位一体的模式，我们努力使学生具备强大的语言能力，包括听、说、读、写和翻译技能。我们还致力于培养学生的批判性思维、跨文化交流技能和团队合作能力。

对于大一新生来说，还需要从更多的综合性学习过渡到更多的学科性学习。学生应接受更系统、更有学科针对性的知识培训。他们不仅对语言知识有很高的要求，而且对如何运用语言进行交流及如何将在大学学到的能力运用到工作中也有很高的要求。

（二）案例简介

本单元的主题是议论性写作。议论性写作是第二语言能力的重要标志，是不同学科学术素养评估的关键体裁，也是大学教育环境和标准化英语测试［如美国研究生入学考试（graduate record examination，GRE）、雅思、托福］中最常见的体裁。

（三）教学目标

1. 知识目标

（1）帮助学生理解论证的定义和交际目的。

（2）学生传授论证策略，包括听众评估、逻辑推理和避免逻辑谬误。

（3）引导学生归纳议论文的结构和语言特点。

（4）帮助学生掌握议论文引言、正文和结尾的写作策略。

2. 技能目标

（1）培养学生使用体裁分析方法分析语料库的技能。

（2）训练学生使用多种证据来源来支持自己的主张。

（3）帮助学生掌握基本的写作技巧，如联系上下文、概括、举例等。

3. 能力目标

（1）元认知能力。通过自主学习活动和平台，培养学生规划和监控写作过程的元认知能力。

（2）数据素养。训练学生搜索、分析和使用在线数据的能力，以增强论证的力度。

（3）批判性思维能力。通过以下两个活动训练学生：分析同一议论文的不同版本；提出对立观点、提供证据、确定信息来源、反驳对立观点和逻辑推理。

4. 价值目标

（1）通过基于体裁的教学法提高学生的体裁意识。

（2）通过对比分析同一话题的不同版本作品（课前学生的一稿、课中人工智能版本、课中教师版本、课后学生最终版本），学生了解人类创造力的重要性，认识到人工智能工具在指导写作时可能受到的限制。

（三）教学内容

如表4-10所示，本单元内容主要包括六个部分，每一部分用时2学时。课程内容由最基础的定义、功能过渡到比较复杂的写作技能和语篇分析。

表4-10　本单元教学内容和课时分配

Content	Periods
• Definitions and communicative purposes of argumentation • Differences between argumentation and exposition	2
• Argumentation strategies: audience assessment, logical reasoning	2
• Argumentation strategies: ten types of logical fallacies	2
• Structural and linguistic features of argumentative essays • Contextualization and thesis statement in the introduction: organization and language resources	2
• Multiple sources of evidence in the body part: examples and statistics	2
• Multiple sources of evidence in the body part: facts and expert opinions. • Restating, summarizing, and recommendations for the conclusion: organization and language resources	2

（四）教学方法及手段

1. 教学理念

在我们的课堂上，语言并不是一套必须遵守的规定性规则和语法惯例，而是一个由词汇和语法构成的环环相扣的意义表达系统。我们课程的一个显著特点是注重语言的功能性，即如何创造性地使用语言来表达思想、吸引读者，并以特定体裁的方式组织话语。我们的教学方法更注重语言选择的功能性、适当性和特定写作任务的有效性，而不是如何写出语法规范的句子。

我们课程的另一个特点是使用来源不同（如社交媒体、在线数据库、研究文章、人工智能工具和在线语料库）的许多真实写作范例来说明交际目的、修辞结构以及实现这些结构的语言资源。

本课程的目标一方面是提高学生的体裁意识，训练他们的数据搜索能力。另一方面，我们希望鼓励学生在语篇分析中使用数据驱动的学习方法，发现与当前所教领域相关的文章的结构和语言特点，以及毕业后专业写作所需的结构和语言特点。

在本课程中，我们既关注学生提交的写作文本，也关注写作过程和写作者。我们通过课前、课中和课后的活动，研究学生如何发展写作技能并反思写作过程。我们采用各种策略吸引学生，激发他们的写作热情。这些策略包括鼓励使用人工智能工具和同伴互评，要求学生自己设计论证题目，以及分析教师的写作范例。

2. 教学方法

在本课程中，两种最新的教学方法将指导整个教学过程：基于体裁的教学法和数据驱动学习法（Data-driven Learning，DDL）。

（1）基于体裁的教学法。体裁是社会公认的使用语言实现特定交际目标的方式。一种体裁在词汇、语法、句子结构和话语组织方面使用独特的模式。在基于体裁的教学法中，教师通过提出问题、考虑修辞语境、组织模式和词汇的语法特征，引导学生以多层次的方式研究目标体裁的例子。还将实例与该领域的其他案例进行比较。

（2）数据驱动学习法。数据驱动学习法是一种为学习者提供目标语言语料库以及探究工具和搜索策略的学习方法。其目标是识别不同项目的语境和频率。DDL 可以在课堂内外进行。学习者在语言教师的指导下，通过与语料库的互动，进行归纳式、自主式的语言学习练习。DDL 在写作教学中具有多种优势。研究表明，它可以成功地应用于各种环境和学习者群体。例如，在一个由来自单一专业领域的学习者组成的同质班级中，学生可以独立或合作确定一套标准的语言特征。然后，小组成员可以讨论和分享这些语言特点。在一个由来自不同领域的学生组成的班级中，每个学生都可以独立使用自己的个性化专业语料库来发现特定学科的语言特征。还可以鼓励他们向课堂上的其他人报告自己的发现，从而培养学生对学科共性和特定学科体裁特征的普遍理解。搜索语料库并理解连词和搭配信息是教师指导下基于规则的方法的另一种选择，可促进学习者的自主性。运用 DDL，学生可受益于自主、归纳式的学习方法。这种方法通过帮助学生发展元认知技能，包括分析能力、基于团队合作的策略和解决问题的协商技巧，促进适当的学习转移。这些技能可用于分析各种文本和体裁。

（五）教学过程

1. 课前

请学生就教师在网上发布的“电动汽车还是汽油汽车”话题发表评

论。鼓励学生采取明确的立场，使用“三明治结构”来组织结构，整合多种证据来源。学生可以互相评论对方的论点。教师在线回答他们的评论，并将评论分为三种类型：过于情绪化，没有确凿证据；客观论证，证据不足；客观论证，有多种证据来源。

2. 课中

（1）复习。教师采用自发问答的方式，引导学生回顾议论文的定义、交际目的、论证策略和结构。

（2）同伴评价。① 教师在 PPT 中展示学生的书面作文，展示常见的证据错误（主张明确，但没有任何支持性证据；情感诉求，但没有任何支持性证据；有反证，但没有细节），促使学生评估论证的合理性（图 4-2）。② 教师指导学生从课前发布在网上的一些学生作文中找出不同类型的证据（统计数据、实例和专家意见）（图 4-3）。

It's more an opinion rather than empirical evidence.	These are subjective benefits rather than objective evidence.	This can be seen as evidence against electric vehicles but lacks detailed statistical data or comparative analysis.
While electric cars are gaining popularity, I personally advocate for gasoline cars. Firstly, gasoline cars offer a certain freedom and adventure that electric cars can't quite match. The thrill of filling up at a gas station, the powerful acceleration, and the long-distance capabilities make gasoline cars ideal for road trips and exploration.	Moreover, the emotional connection many people have with their gasoline cars is undeniable. They are symbols of freedom, individuality, and even status. The sound of a powerful engine revving up can evoke a sense of excitement and anticipation.	Additionally, while electric cars are indeed more environmentally friendly, the production of batteries and the disposal of used ones can also have negative impacts on the environment. The infrastructure for charging stations is still developing, making it inconvenient for some areas.

图 4-2　学生书面作文展示

Electrifying the Future: Electric vs. Gasoline Cars

①As we face global sustainability challenges, the automotive choice between electric vehicles (EVs) and gasoline cars has significant environmental and socio-political implications. ②This essay advocates for electric cars as the preferable future standard. ③Electric vehicles offer crucial benefits over gasoline cars in terms of environmental impact, economic advantages, and public health, aligning with global sustainability goals. ④ Statistics from the International Energy Agency indicate that EVs could reduce global oil demand by up to 6.5 million barrels per day by 2040, significantly decreasing environmental degradation associated with oil extraction. ⑤Experts like Dr. Elaine Borseth of the Electric Vehicle Association emphasize that transitioning to EVs is essential for reducing urban pollution and combating climate change. ⑥Unlike gasoline cars, electric cars produce zero direct emissions, which reduces urban smog and health issues related to air quality. ⑦ Personally, since switching to an electric car, I have experienced lower fuel costs and maintenance expenses. ⑧ Countries like Norway and the Netherlands provide successful models of EV adoption, offering incentives that have dramatically increased EV usage and improved urban air quality.

⑨Choosing electric cars is not merely about vehicle preference but about committing to a sustainable and healthy future. ⑩Adopting EVs represents a decisive step towards reducing environmental impacts and enhancing public health. ⑪Policymakers and individuals must support the transition to electric vehicles through incentives and public awareness to realize the potential of electric mobility fully.

图 4-3　网上的学生作文展示

（3）证据分析任务。使用讲义，提示学生将正文部分的句子归类为人工智能工具撰写的议论文中不同类型的证据。

（4）实例为证。教师指导学生根据教师编制的语料库分析示例的子类型。

（5）分析宏观和微观结构。① 在教师编制的语料库基础上，学生的任务是分析和归纳论证中的宏观结构，并举例说明，即 CER 模型（图 4-4）。② 根据教师编制的语料库，学生的任务是分析和归纳示例中的微观结构：IDL 模型（介绍示例—详细描述示例—将示例与论点联系起来）（图 4-5）。

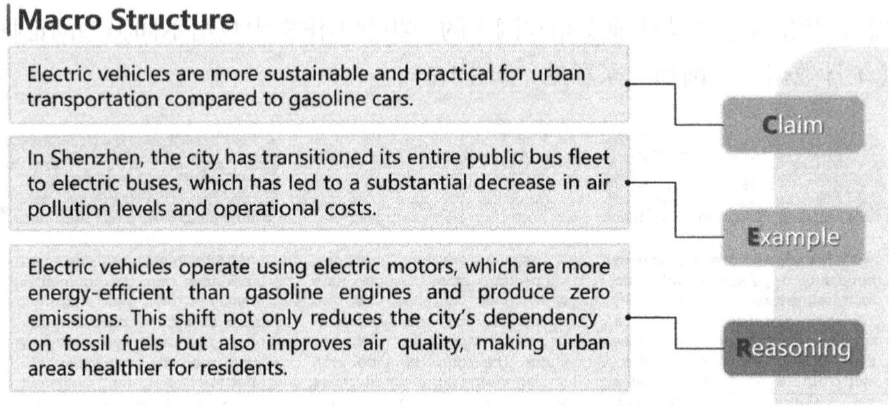

图 4-4　CER 模型

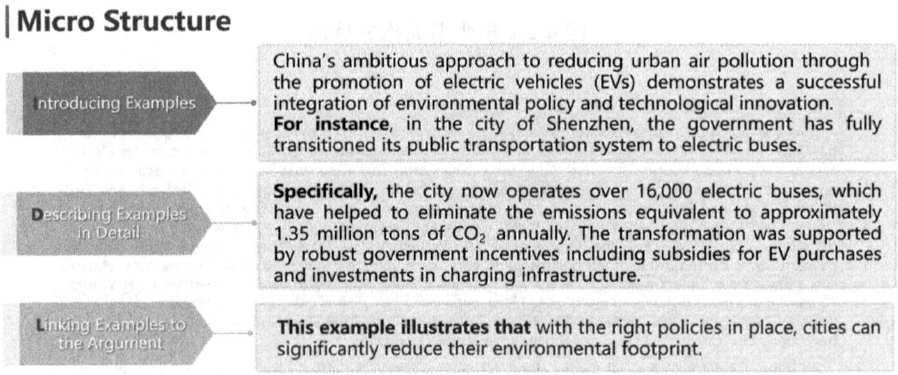

图 4-5　IDL 模型

（6）示例中的语言资源。① 在介绍基于美国当代英语语料库（Corpus of Contemporary American English，COCA）和英国国家语料库（British National Corpus，BNC）的例子时，教师指出了学生写作中的语言多样性问题，并介绍了更多的语言资源。② 学生分为 3 组。每组的任务分别是在介绍例子（第 1 组）、详细描述例子（第 2 组）和将例子与论点联系起来（第 3 组）时发掘更多的语言资源。组长报告调查结果（图 4-6）。

Introducing Examples	Describing Examples in Detail	Linking Examples to the Argument
For instance, ... For example, ... To illustrate, ... Consider the case of ... Let's take the example of ... As an illustration, ... A prime example of this is ... A case in point is ... To give you an idea, ... Imagine the situation where ...	Specifically ... Particularly/In particular ... In this instance ... To be more specific ... To elaborate ...	This example illustrates how ... This demonstrates/shows/ exemplifies/ underscores / highlights / indicates / suggests that ... From this, we can see that ... This reveals that ... Therefore, we can deduce that ...

图 4-6 任务单示例

（7）练习。给学生布置的任务是对三段摘录进行重新排序，并利用语言资源使举例论证更加连贯。

（8）评估教师版本（3 分钟）。① 教师展示以“汽车动力的未来：电 VS 汽油”为题的作文（图 4-7）。② 教师挑战并邀请学生根据课前上网的版本、人工智能版本和教师版本编写一个自己的最终版本。

Assessing: Teacher Sample

The Future of Automotive Power: Electric vs. Gasoline Cars

As the automotive industry evolves, the debate between electric and gasoline cars becomes increasingly significant. Electric vehicles (EVs), like the Xiaomi SU7, are gaining popularity due to their environmental benefits and technological advancements. Unlike gasoline cars, EVs emit no tailpipe pollutants, significantly reducing the carbon footprint and helping combat climate change.

Moreover, electric cars offer a quieter, smoother ride and lower operating costs over time. The initial higher purchase price of EVs is offset by savings on fuel and maintenance. For instance, the electric motor in an EV has fewer moving parts than a gasoline engine, which means less wear and tear and lower likelihood of mechanical issues.

Conversely, gasoline cars currently enjoy the advantage of longer range and more established refueling infrastructure. However, as technology progresses and more charging stations are built, these advantages are diminishing.

In conclusion, while gasoline cars have dominated the past, the future leans towards electric vehicles. With advancements in battery technology and a growing commitment to environmental sustainability, electric cars are poised to overtake gasoline cars in terms of efficiency, cost-effectiveness, and environmental impact.

图 4-7 教师作文展示

3. 课后活动

（1）指导学生修改并提交课前发布在网上的作文到超星学习通平台。

（2）教师和每位学生根据教师上传到超星学习通平台的检查表和评分标准给出评语。

“翻译理论与实践”课程思政教学案例

Major-Country Diplomacy with Chinese Characteristics

张　蓓　贾留全　徐　冰

一、课程总览

课程名称：翻译理论与实践 01。

课程类型：英语专业核心课程。

课程目标：本课程是英语专业的专业必修课程与核心课程，旨在培养学生运用翻译理论和方法进行汉英笔译的能力，是一门理论性、应用性和实践性并重的课程。课程包括翻译理论学习和实践能力培养两方面内容。课程教学采用线上和线下相结合的混合教学模式，重视培养学生的翻译实践能力、通过信息检索解决翻译难题的能力和初步的译文评析能力。该课程能够为学生今后从事翻译工作或进行专业深造打下基础，亦有助于讲好中国故事，传播好中国声音的跨文化交际人才的培养。

授课对象：英语专业三年级上学期本科生。

授课学时：36 学时。

二、教学设计

（一）案例简介

本案例授课内容出自《理解当代中国：汉英翻译教程》第 11 单元，单元主题为“中国特色大国外交”。该主题立意高远、视野宏大，通过将这一宏大主题分解为能够体现习近平外交思想的关键概念“一带一路”“人类命运共同体”“人类卫生健康共同体”“公共卫生外交”“援外医疗”，并厘清上述概念之间及其与“中国特色大国外交”之间的内在逻辑关联，从而找到本单元思政设计的落脚点——援外医疗与民间外交，并将教学实施落地于我校英语教师作为随队翻译参与援外医疗时收到的一封表扬信，从而勾连起个人、国家与世界，翻译、医学与外交，从民间视角生动诠释中国特色大国外交。

（二）教学目标

1. 知识目标

帮助学生准确把握核心概念与重点段落的基本内涵、翻译原则和翻译策略；认识人工智能翻译技术在中国时政文献英译方面的优势与不足。

2. 能力目标

培养学生的小组合作与协商能力、解决翻译全过程实际问题的能力、翻译反思能力、运用人工智能翻译技术辅助翻译过程和提升译文质量的能力。

3. 课程思政目标

（1）加深学生对习近平外交思想和中国特色大国外交的理解，明确中国特色大国外交要服务于民族复兴、促进人类进步，推动建设新型国际关系，推动构建人类命运共同体。

（2）引导学生自觉关注国内外外交时事新闻，力争做到内知国情，外晓世界，培养英语专业学生应有的国家意识、家国情怀和国际视野；引导学生关注中国时政话语的“无心”翻译之失可能产生的不良政治暗示，自觉提高自身政治敏锐度，警惕西方话语体系隐含的价值偏见和话语陷阱，以翻译为媒，主动参与融通中外的习近平新时代中国特色国际话语体系的构建。

（3）理解人人皆为“民间外交官”，自觉培养外交官基本素养，践行民间外交官的使命担当；明确医学院校英语专业学生肩负的特殊责任与光荣使命：以医学语言服务专长为国际医疗合作和“人类卫生健康共同体”的构建乃至中国特色大国外交贡献民间力量。

（三）教学内容

教学内容分为“理论知识要点梳理”“核心概念”“重点段落”三部分，适当进行课外拓展。“理论知识要点梳理”聚焦于“人类命运共同体”“人类卫生健康共同体”“公共卫生外交”“援外医疗”四大概念，重点梳理其与单元主题之间的内在逻辑关联，旨在帮助学生搭建单元主题理论框架；“核心概念”教学聚焦于对“人类命运共同体”的理解与翻译；“重点段落”教学围绕课本中重点段落一的翻译展开，同时补充中国（江苏）第 29 期援桑给巴尔医疗队给我校外国语学院教师/随队翻译寄来的表扬信的翻译练习与讲评。

（四）教学方法及手段

本单元教学采取探究式讨论法，充分运用人工智能翻译技术、中国时政文献平行语料库等技术手段赋能翻译教学。教师在课前将课堂需要探讨的“核心概念”与“重点段落”译例及补充翻译材料发布给学生，学生以小组合作形式完成并于课前提交，课堂上教师与学生合作探究小组试译中存在的问题，对比评析小组试译与课本译文、小组试译与人工智能翻译平台译本。

（五）教学过程

本单元教学时长为 4 学时（2 学时/周，40 分钟/学时）。主要教学步骤包括课前、课中、课后三个环节。

1. 课前

（1）自主预习课本“人类命运共同体”的概念内涵解读，并完成补充阅读材料学习：《推动构建人类命运共同体》。

（2）按照学期初班级分组（每班 5 组，每组 4—5 人）完成上述概念的小组试译，并撰写翻译日志，提交到超星学习通平台分组任务。翻译日志内容包括：① 翻译难点；② 翻译困难解决方法；③ 组内译文分歧；④ 仍待解答的疑问；⑤ 小组译文与课本译文对比评析。

（3）完成课本 p188 段落一的小组试译并撰写翻译日志（内容要求同上），提交到超星学习通平台分组任务。

（4）以小组为单位，在官方媒体 *China Daily*、CGTN、Xinhua Net 等检索核心概念“人类命运共同体”不同版本的译文，完成译文对比分析，提交到超星学习通平台分组任务，做好课堂小组发言准备。

2. 课中

本单元两次课课中教学内容见表 4-11。

表 4-11　“中国特色大国外交”单元两次课课中教学内容

课次	教学内容
第一次课	导入
	1. 理论知识要点梳理 （1）人类命运共同体是中国特色大国外交的旗帜和方向 （2）共建“一带一路”，是新时代中国特色大国外交的创举，也是推动构建“人类命运共同体”的重要实践平台 （3）“人类卫生健康共同体”是人类命运共同体理念的重要组成和实践延伸 （4）“公共卫生外交”是中国特色大国外交的一面旗帜，援外医疗队是中国公共卫生外交事业的起点 （5）开展援外医疗是中国践行构建人类卫生健康共同体理念的生动实践 2.“援外医疗与大国外交”主题讨论 （1）播放新华网援非医疗队微视频 *Six Decades of Selfless Aid Make Chinese Doctors “Most Welcome Guests” in Africa*

续表

课次	教学内容
第一次课	(2) 教师提问：中国援非医疗队队员为何被誉为“civilian diplomats in white coats（白衣民间外交官）”？ (3) 学生结合微视频内容展开分组讨论并选派代表发言 (4) 教师点评准备：援非医疗队与当地卫生官员、医务人员和患者密切交流，通过医疗实效展示中国医疗水平，通过言行举止传播中国优秀文化，为实现中非民心相通发挥了重要作用 3.“医学院校外语人与中国公共卫生外交”主题讨论 (1) 展示 2020 年 4 月 30 日中国（江苏）第 29 期援桑给巴尔医疗队给我校英语系教师/随队翻译寄来的表扬信 (2) 基于身边熟知教师的先进事迹，组织学生分组讨论医学院校外语人的社会责任与国际担当，以及公共卫生民间外交官所应具备的基本素养，随机抽选小组发言 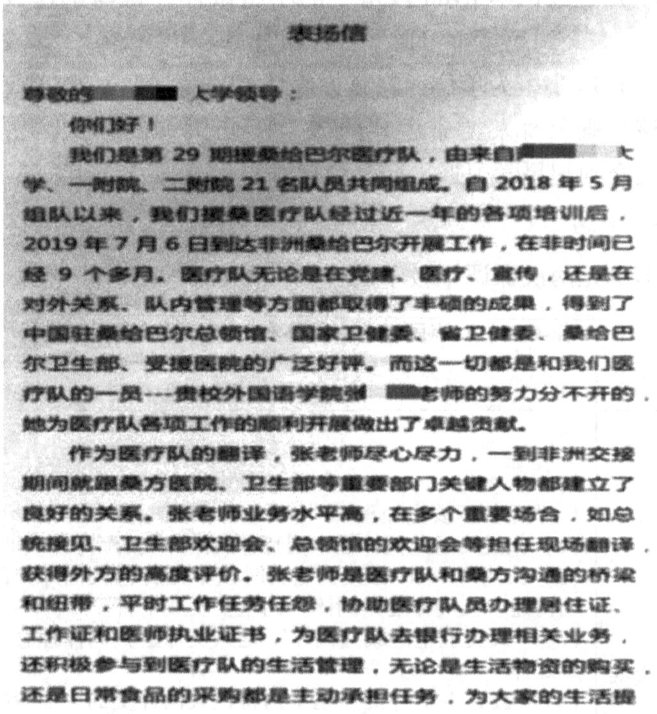 表扬信 尊敬的[redacted]大学领导： 你们好！ 我们是第 29 期援桑给巴尔医疗队，由来自[redacted]大学、一附院、二附院 21 名队员共同组成。自 2018 年 5 月组队以来，我们援桑医疗队经过近一年的各项培训后，2019 年 7 月 6 日到达非洲桑给巴尔开展工作，在非时间已经 9 个多月。医疗队无论是在党建、医疗、宣传，还是在对外关系、队内管理等方面都取得了丰硕的成果，得到了中国驻桑给巴尔总领馆、国家卫健委、省卫健委、桑给巴尔卫生部、受援医院的广泛好评。而这一切都是和我们医疗队的一员---贵校外国语学院张[redacted]老师的努力分不开的，她为医疗队各项工作的顺利开展做出了卓越贡献。 作为医疗队的翻译，张老师尽心尽力，一到非洲交接期间就跟桑方医院、卫生部等重要部门关键人物都建立了良好的关系。张老师业务水平高，在多个重要场合，如总统接见、卫生部欢迎会、总领馆的欢迎会等担任现场翻译，获得外方的高度评价。张老师是医疗队和桑方沟通的桥梁和纽带，平时工作任劳任怨，协助医疗队员办理居住证、工作证和医师执业证书，为医疗队去银行办理相关业务，还积极参与到医疗队的生活管理，无论是生活物资的购买，还是日常食品的采购都是主动承担任务，为大家的生活提

续表

课次	教学内容
第一次课	供了坚实的保障。张老师还积极协助兄弟单位的各项工作，如[redacted]护理学院、附属儿童医院的国际培训项目[redacted]医院宫颈癌筛查项目、[redacted]省血防所的血吸虫防治项目等等，均得到了各项目组的一致赞扬。 新冠疫情爆发以来，张老师的任务更重了，需要及时给对方通报我国疫情的变化和采取的措施，反驳西方尤其美国对我国防疫工作的曲解和污蔑，做好解释工作，让桑方及时理解并支持我国采取的措施，了解我国对世界抗疫所做的贡献。而近阶段疫情又在非洲蔓延发展，每天张老师还要了解桑方的疫情变化，及时转发中国的规范、文件，介绍中国抗疫的经验，积极联系驻桑给巴尔总领馆、桑卫生部、医院，包括中方捐助物资的联系，抗疫物资清关等等。她工作认真负责，细心、默默地、按部就班地把各项工作做好，我们所有医疗队员都看在眼里，记在心里。 国内疫情发生以来，在习近平主席亲自指挥和部署下经过全体中国人民艰苦不懈的努力，中国境内疫情防控工作目前已取得阶段性成果，[redacted]抗疫工作成果尤为突出。[redacted]大学各附属医院派出数百名医护人员参加武汉抗疫，为控制武汉疫情做出了突出贡献，还有更多的医务人员也在各个工作岗位上默默奉献，我们援外队员一定以他们为榜样，继续把援外的各项任务做好。 第 29 期援桑给巴尔医疗队对[redacted]大学为我们医疗队培养、派出了优秀的职工表示感谢。我们除向张[redacted]老师学习以外，特写信向贵校建议，请贵校有关部门把张老师的先进事迹广为宣传，予以表彰。最后祝[redacted]大学各项工作越办越好，为我国、我省卫生健康事业输送更多人才。 此致 敬礼！ 中国[redacted]第 29 期援桑给巴尔医疗队 2020/4/30

续表

课次	教学内容
第一次课	核心概念翻译——“人类命运共同体” 随机挑选2组代表，简述在翻译此概念过程中的困难。教师对小组代表列举的翻译困难做出回应，并示范解决翻译难题的可能途径 (1) 困难1：“共同体”如何翻译？ 解决办法：从平行文本中获取翻译灵感 向ChatGPT/Kimi等国内外人工智能平台提问：世界上有哪些名字中含有“共同体”字样的共同体？ 将平台给出的符合预期的答案在搜索引擎中逐一检索，查验其真实性，意外获得更多“共同体”名称，汇总如下：欧洲共同体（European Community）、非洲经济共同体（African Economic Community）、南部非洲发展共同体（Southern African Development Community）、拉丁美洲和加勒比国家共同体（Community of Latin American and Caribbean States），以上译名将“共同体”译文指向“community”。该词用法可能颠覆了很多学生对该词常用词义“社区”的普遍认知，为查验该词是否确实存在“共同体”相关词义，在英文在线字典 *free dictionary online* 中查找“community”“社区”以外的释义，发现一条“共同体”相关释义：“a group of associated nations sharing common interests or heritage”，反观“人类命运共同体”中“共同体”的内涵——“构建人类命运共同体，就是每个民族、每个国家、每个人的前途命运都要紧紧联系在一起……努力把我们生于斯、长于斯的星球建成一个和谐的大家庭”，而这个大家庭就是怀有此共同愿景的国家的聚合体，前述community释义正好与此情境匹配 (2) 困难2：“命运”到底是destiny还是fate？为何官方采用了偏离该词字面意思的译文shared future？是过渡阐释还是“传神”译笔？ ✧ 要确定匹配译文，须准确理解原文语境中“命运”的内涵 根据《携手构建人类命运共同体：中国的倡议与行动》白皮书，构建“人类命运共同体”旨在回答“人类向何处去”这一问题，“推动建设一个持久和平、普遍安全、共同繁荣、开放包容、清洁美丽的世界”，可见，这一“命运”代表着人类努力共创的美好未来 ✧ 关于destiny与fate的取舍困惑，展示两词词典释义的对比结果： 《牛津高阶英汉双解词典》（第十版）destiny释义：① What happens to somebody or what will happen to them in the future, especially things that they cannot change or avoid; ② the power believed to control events 该词典对fate的释义：① the things, especially bad things, that will happen or have happened to somebody/something; ② the power that is believed to control everything that happens and that cannot be stopped or changed 两条释义均强调人对发生在自己身上的事情缺乏掌控感，而且发生的事情常常是坏事，而人类命运共同体寄托了人类对于未来世界的美好愿景，fate语义与这一愿景不符 ✧ future是否一定优于destiny和fate？community已经译出了“共同”的意思，再在future之前加上shared是否累赘？ 根据 *Cambridge Advanced Learners' Dictionary*，future两条相关释义为：① what will happen to someone or something in the time that is to come; ② the chance of continuing success or existence for something，相较于destiny与fate而言，future更为积极乐观，是人类可掌握的未来，符合“人类命运共同体”的愿景。此外，还需注意，“人类命运共同体”虽未明示“人类命运共同体”，却主张世界各国同呼吸、共命运，补充shared，强调共同的未来，更能凸显概念的深刻内涵

续表

<table>
<tr><th>课次</th><th>教学内容</th></tr>
<tr><td rowspan="2">第一次课</td><td>段落翻译——课本 p188 重点段落一</td></tr>
<tr><td>1. 随机挑选 3 组代表，基于课前试译经历，陈述对段落的理解和翻译的难点
2. 原文段落结构分析
（1）学生讨论原文前半部分句型及句间逻辑关联
（2）教师教学准备

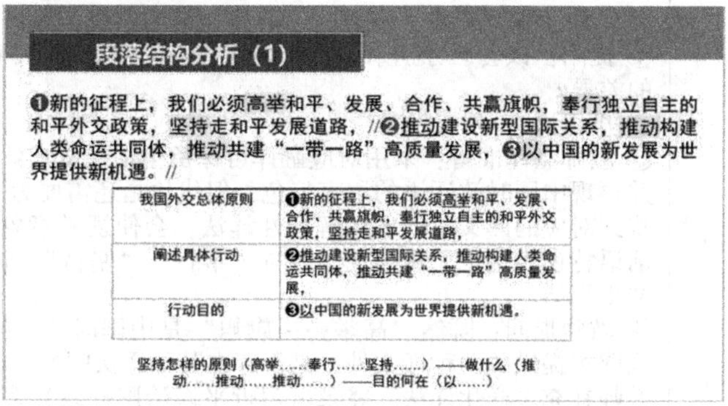

从句型来看，句①、②构成了汉语流水句“我们高举……，奉行……，坚持……，推动……，推动……，推动……”，流水句中还包含一组排比句。我们知道汉语行文具有以“意合”为主的特征，如果将流水句中 6 个动词对应译为英语动词，势必导致译文行文不符合英语“形合”的特征，因此有必要对原文中句①、②、③进行适当拆分或合并
从语义上看，句①讲的是我国外交的总体原则，句②讲的是在这个原则的指导下，我们具体应该开展哪些外交工作，句③讲的是开展这些具体工作的目的。因此，从语义关系来看，句②和句③语义联系更加紧密，可考虑在英译中合为一句
（3）学生讨论原文后半部分句型及句间逻辑关联
（4）教师教学准备

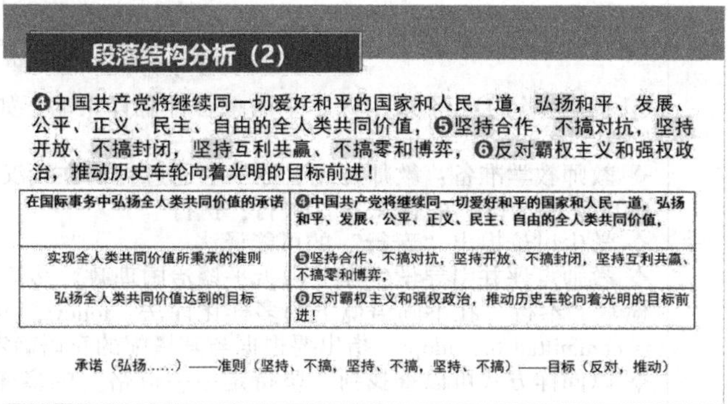

从句型上看，句④、⑤、⑥同样构成了汉语流水句“中国共产党弘扬……，坚持……、不搞……，坚持……、不搞……，坚持……、不</td></tr>
</table>

续表

<table>
<tr><th>课次</th><th>教学内容</th></tr>
<tr><td>第一次课</td><td>搞……，反对……，推动……”，其中三组“坚持……、不搞……”构成排比结构
从语义上看，句④是中国共产党向世界许下的承诺——弘扬全人类共同价值，句⑤实现共同价值所秉承的原则，句⑥是弘扬共同价值所要达到的目标
3. 翻译重难点讨论
（1）句①中“高举……旗帜”是中国时政文献高频口号套语
① 提问：该套语分别采用对应翻译和解释性翻译，翻译效果会有怎样的差异？
② 小组讨论+代表发言
③ 教师点评准备：采用对应翻译可保留生动视觉意象（高举的旗帜），并再现中国时政话语的语言特色，但代价是还需要为“奉行”“坚持”找到对应的译文。若采用解释性译法，会使视觉意象丧失，中国时政话语特色表达也无从体现，但与“奉行”“坚持”进行语义融合，译文更简洁
④ 教师提问：既然“高举……旗帜”是中国时政文献高频口号套语，除课本提供的两种译文外，是否存在其他译法呢？
教师补充多样化译法：登录《习近平谈治国理政》多语数据库综合平台——语料库——科研模块，检索“高举”“旗帜”，勾选“共现”，会发现官方译文的多样化表述，用于扩充学生的语言资源储备：uphold，hold high the banner of …，uphold the principle of …
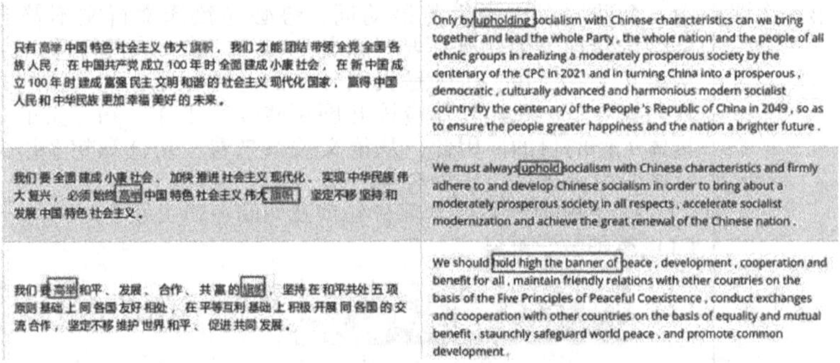
<table>
<tr><td>只有 高举 中国 特色 社会主义 伟大 旗帜，我们 才 能 团结 带领 全党 全国 各族 人民，在 中国共产党 成立 100 年 时 全面 建成 小康 社会，在 新 中国 成立 100 年 时 建成 富强 民主 文明 和谐 的 社会主义 现代化 国家，赢得 中国 人民 和 中华民族 更加 幸福 美好 的 未来。</td><td>Only by upholding socialism with Chinese characteristics can we bring together and lead the whole Party , the whole nation and the people of all ethnic groups in realizing a moderately prosperous society by the centenary of the CPC in 2021 and in turning China into a prosperous , democratic , culturally advanced and harmonious modern socialist country by the centenary of the People 's Republic of China in 2049 , so as to ensure the people greater happiness and the nation a brighter future .</td></tr>
<tr><td>我们 要 全面 建成 小康 社会、加快 推进 社会主义 现代化、实现 中华民族 伟大 复兴，必须 始终 高举 中国 特色 社会主义 伟大 旗帜，坚定不移 坚持 和 发展 中国 特色 社会主义。</td><td>We must always uphold socialism with Chinese characteristics and firmly adhere to and develop Chinese socialism in order to bring about a moderately prosperous society in all respects , accelerate socialist modernization and achieve the great renewal of the Chinese nation .</td></tr>
<tr><td>我们 要 高举 和平、发展、合作、共赢 的 旗帜，坚持 在 和平共处 五项 原则 基础 上 同 各国 友好 相处，在 平等互利 基础 上 积极 开展 同 各国 的 交流 合作，坚定不移 维护 世界 和平、促进 共同 发展。</td><td>We should hold high the banner of peace , development , cooperation and benefit for all , maintain friendly relations with other countries on the basis of the Five Principles of Peaceful Coexistence , conduct exchanges and cooperation with other countries on the basis of equality and mutual benefit , staunchly safeguard world peace , and promote common development .</td></tr>
</table>
⑤ 提问：句①若不采用课本中的融合性翻译策略，如何翻译“奉行”“坚持”？
✧ 教师教学准备：教师首先引导学生通过查询在线汉语词典，确保正确理解“奉行”的含义（“履行；执行”）
✧ 学生讨论提出“奉行”的可能译法
✧ 教师点评并引导学生在《习近平谈治国理政》多语数据库综合平台检索“奉行”在不同语境下的多样化译法：follow，pursue，implement，is committed to，adopt，指出要根据与其搭配的宾语确定其译文
✧ 以同样方式可以查找到“坚持走……道路”的多样化译法：hold to the path of，stick to the road/path of，follow a path of，keep to the path of，commitment to，remain committed to，pursue …，adhere to the … path，对</td></tr>
</table>

续表

<table>
<tr><th>课次</th><th>教学内容</th></tr>
<tr><td>第一次课</td><td>于以上时政话语常用表达的译文，学生可以理解性记忆
（2）句①为汉语流水句，若翻译成英文流水句，如何修改以凸显译文的衔接与连贯？
① 教师展示课前挑选的流水句翻译问题较为明显的小组译文，并将其与经过 ChatGPT 润色后的译文进行对比
<table>
<tr><th>学生译文</th><th>ChatGPT润色后译文</th></tr>
<tr><td>On this new journey, we must hold high the banner of peace, development, cooperation and mutual benefit, follow the independent and peaceful foreign policy, stick to the path of peaceful development, push forward the construction of a new pattern of international relations, promote the construction of global community of shared future, accelerate the high-quality development of the Belt and Road initiative and offer new opportunities to the world with its new development.</td><td>On this new journey, we must proudly uphold the banner of peace, development, cooperation, and mutual benefit. We will pursue an independent and peaceful foreign policy, adhere to the path of peaceful development, advance the construction of a new model of international relations, and promote the establishment of a global community with a shared future. We aim to accelerate the high-quality development of the Belt and Road Initiative, providing new opportunities for the world through our progress.</td></tr>
<tr><td>The CPC will work together with all the countries and peoples in the world to promote the common values shared by all human beings like peace, development, fairness, justice, democracy and freedom. We will insist on cooperation but not resistance, opening up but not closing up, mutual benefit but not sum-zero game, and we go against hegemony and power politics. We will push forward the rolling wheels of history towards the bright goal.</td><td>The Communist Party of China (CPC) will work alongside all countries and peoples to promote common values that unite humanity, including peace, development, fairness, justice, democracy, and freedom. We will emphasize cooperation over confrontation, openness over isolation, and mutual benefit over zero-sum thinking, while opposing hegemony and power politics. Together, we will drive the wheels of history toward a brighter future.</td></tr>
</table>
② 小组讨论：ChatGPT 修改后的译文在用词准确性、句间衔接与连贯、搭配的合理性等方面的提升
③ 教师点评准备
✧ 润色后，译文流畅性大大提升。ChatGPT 准确识别了段落一前半部分学生译文中的长流水句（we must hold high …, follow …, push forward …, promote …, accelerate …, and offer …），并将其切分为三句（we must uphold … We will pursue …, adhere to …, advance …, and promote … We aim to accelerate …, providing …），在该段最后一句还通过非谓语形式 providing new opportunities 来凸显动作主次，彰显中国外交要开展的具体工作（三个“推动”）与“提供新机遇”之间的逻辑关联，符合英语行文的“形合”特征。后半部分译文段末，“while opposing…”实现了原文两个分句的合并，凸显了译文的连贯性与逻辑性；末句，together 的加入成为点睛之笔，一定程度上缓解了第二段 we will … we will … 句型直接连用的单调，同时也增强了译文语言的感召力
✧ 三组一正一反的排比结构“坚持……、不搞……”是段落翻译的难点，学生译文“insist on … but not”显得应对乏术，ChatGPT 使用的 emphasize A over B 提供了一种解决思路
✧ 措辞准确性方面，confrontation（对峙）显然比 resistance（抵抗）更能准确传达原文语境下“对抗”的含义。另外，中文原文“光明的目标”在英文中如果直译为“bright goal”有搭配不当之嫌。ChatGPT 将“目标”的实际内涵“未来”进行明晰化，构成了符合英语表达习</td></tr>
</table>

续表

<table>
<tr><th>课次</th><th>教学内容</th></tr>
<tr><td rowspan="3">第一次课</td><td>惯的搭配。值得一提的是，ChatGPT 还将 bright 改为比较级 brighter，暗示从光明走向更加光明，而非从黑暗走向光明，语义更加积极</td></tr>
<tr><td>课后作业</td></tr>
<tr><td>假如你是我校英文网站翻译小组组长，小组共计 5 人（包括组长），接学校紧急任务，你须于 3 小时内将中国（江苏）第 29 期援桑给巴尔医疗队给随队翻译（我校英语系教师）寄来的表扬信保质保量翻译好后发布到学校英文网站，请提交工作方案和译文（请务必在 3 小时内完成译文并定稿）</td></tr>
<tr><td rowspan="2">第二次课</td><td>讨论上周作业：表扬信的翻译</td></tr>
<tr><td>教学内容
1. 每组代表简述小组工作方案
2. 教师点评学生工作方案
3. 教师基于课前学生提交的小组译文中普遍存在的问题做教学准备
（1）完成翻译任务的文体意识——英文表扬信的书写规范
① 教师展示中、英文表扬信，学生讨论英文表扬信与中文表扬信的书写规范（包括格式与内容设置）是否一致
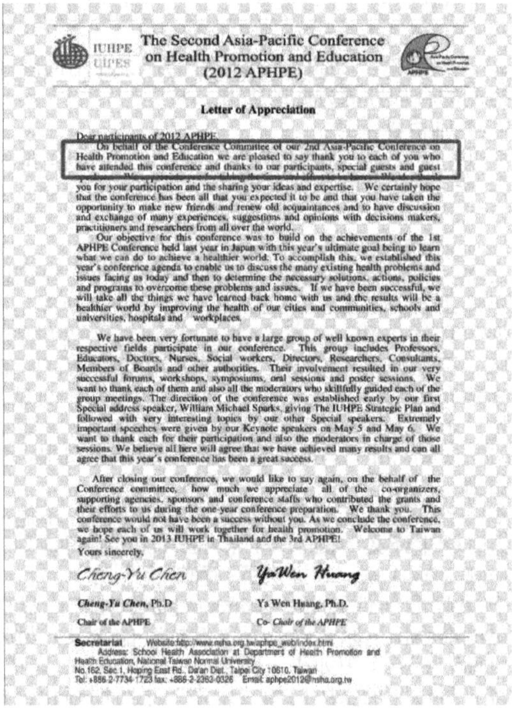
IUHPE UIPES The Second Asia-Pacific Conference on Health Promotion and Education (2012 APHPE)

Letter of Appreciation

Dear participants of 2012 APHPE,
On behalf of the Conference Committee of our 2nd Asia-Pacific Conference on Health Promotion and Education we are pleased to say thank you to each of you who have attended this conference and thanks to our participants, special guests and guest [illegible] you for your participation and the sharing your ideas and expertise. We certainly hope that the conference has been all that you expected it to be and that you have taken the opportunity to make new friends and renew old acquaintances and to have discussion and exchange of many experiences, suggestions and opinions with decisions makers, practitioners and researchers from all over the world.
Our objective for this conference was to build on the achievements of the 1st APHPE Conference held last year in Japan with this year's ultimate goal being to learn what we can do to achieve a healthier world. To accomplish this, we established this year's conference agenda to enable us to discuss the many existing health problems and issues facing us today and then to determine the necessary solutions, actions, policies and programs to overcome these problems and issues. If we have been successful, we will take all the things we have learned back home with us and the results will be a healthier world by improving the health of our cities and communities, schools and universities, hospitals and workplaces.

We have been very fortunate to have a large group of well known experts in their respective fields participate in our conference. This group includes Professors, Educators, Doctors, Nurses, Social workers, Directors, Researchers, Consultants, Members of Boards and other authorities. Their involvement resulted in our very successful forums, workshops, symposiums, oral sessions and poster sessions. We want to thank each of them and also all the moderators who skillfully guided each of the group meetings. The direction of the conference was established early by our first Special address speaker, William Michael Sparks, giving The IUHPE Strategic Plan and followed with very interesting topics by our other Special speakers. Extremely important speeches were given by our Keynote speakers on May 5 and May 6. We want to thank each for their participation and also the moderators in charge of those sessions. We believe all here will agree that we have achieved many results and can all agree that this year's conference has been a great success.

After closing our conference, we would like to say again, on the behalf of the Conference committee, how much we appreciate all of the co-organizers, supporting agencies, sponsors and conference staffs who contributed the grants and their efforts to us during the one-year conference preparation. We thank you. This conference would not have been a success without you. As we conclude the conference, we hope each of us will work together for health promotion. Welcome to Taiwan again! See you in 2013 IUHPE in Thailand and the 3rd APHPE!
Yours sincerely,
Cheng-Yu Chen   YaWen Huang
Cheng-Yu Chen, Ph.D   Ya Wen Huang, Ph.D.
Chair of the APHPE   Co- Chair of the APHPE
Secretariat Website:http://www.nsha.org.tw/aphpe_web/index.html
Address: School Health Association at Department of Health Promotion and Health Education, National Taiwan Normal University
No.162, Sec.1, Hoping East Rd., Da'an Dist., Taipei City 10610, Taiwan
Tel: +886-2-7734-1723 fax: +886-2-2363-0326 Email: aphpe2012@nsha.org.tw</td></tr>
</table>

续表

<table>
<tr><th>课次</th><th>教学内容</th></tr>
<tr><td>第二次课</td><td>
HEADQUARTERS ARMY SERVICE FORCES HWC/mla
WASHINGTON 25, D. C.

2 January 1946.

Mr. H. W. Hargiss,
5411 Aberdeen Road,
Kansas City 3, Kansas.

Dear Bill:

Please accept the appreciation of the War Department and of this Division for your outstanding contribution to the morale of our troops during the difficult post hostilities period. The athletic program, stressing the teaching of sports skills and mass participation in competitive games, has not only kept our men healthfully occupied when no other activity would have done the trick but has helped to return them to civilian life with a fresh appreciation that our Government had an eye to their welfare. War and Army life in strange climes produce odd complexes which the American way of life as exemplified by a sound athletic program helps dispel.

The program could never have gone without intelligent, experienced direction such as you helped supply. Innumerable Generals have testified to the new conception of the true values of athletics they received through your work.

The coincident value of athletics in our own country in the period immediately ahead goes without saying. You may be interested to know that the germ of the original athletic program set forth in August 1944 and subsequently altered materially in manuals in various theaters has been reproduced over a hundred thousand times and that our teaching has reached either directly or through unit schools over thirty thousand service men.

Thank you again for your very real contribution to the war effort.

Sincerely,
Elsie
Henry W. Clark
HENRY W. CLARK,
Colonel, GSC,
Special Assistant to the Director,
Special Services Division.

表扬信
尊敬的***大学领导
你们好!
我们是第 29 期援桑给巴尔医疗队，由来自***大学、一附院、二附院 21名队员共同组成。自 2018年5月组队以来，我们援桑医疗队经过近一年的各项培训后2019年7月6日到达非洲桑给巴尔开展工作，在非时间已经 9个多月。医疗队无论是在党建、医疗、宣传，还是在对外关系、队内管理等方面都取得了丰硕的成果，得到了中国驻桑给巴尔总领馆、国家卫健委、省卫健委、桑给巴尔卫生部、受援医院的广泛好评。而这一切都是和我们医疗队的一员——贵校外国语学院张**老师的努力分不开的她为医疗队各项工作的顺利开展做出了卓越贡献。

表扬信
国内疫情发生以来，在习近平主席亲自指挥和部署下经过全体中国人民艰苦不懈的努力，中国境内疫情防控工作目前已取得阶段性成果，我省抗疫工作成果尤为突出、***大学各附属医院派出数百名医护人员参加武汉抗疫，为控制武汉疫情做出了突出贡献，还有更多的医务人员也在各个工作岗位上默默奉献，我们援外队员一定以他们为榜样，继续把援外的各项任务做好。
第 29 期援桑给巴尔医疗队对***大学为我们医疗队培养、派出了优秀的职工表示感谢。我们除向张**老师学习以外，特写信向贵校建议，请贵校有关部门把张老师的先进事迹广为宣传，予以表彰。最后祝***大学各项工作越办越好，为我国、我省卫生健康事业输送更多人才。
此致
敬礼!
中国第29期援桑给巴尔医疗队
2020/4/30
</td></tr>
</table>

续表

<table>
<tr><th>课次</th><th>教学内容</th></tr>
<tr><td>第二次课</td><td>
教师教学准备：教师搜集英语母语人士撰写的正式表扬信，帮助学生熟悉该文体的书写规范。由上图可知，排除地址栏，英文表扬信的格式与中文表扬信基本相同，从内容上看，英文表扬信倾向于开宗明义，首先表明写信的感谢意图（如上图中的“Please accept the appreciation of ... for your ...”），而中文表扬信则先做好充分铺垫，在结尾处点破来信意图。因此，有必要对原文进行编译，而不是进行逐句翻译
② 各组按照英语表扬信书写规范对课前提交的译文首段进行修改
③ 随机抽选 1—2 组代表朗读修改版译文首段
④ 教师点评学生译文首段是否充分表明了来信意图
⑤ 用“翻译”和“编译”指令测试文心一言和 ChatGPT 对表扬信的处理结果
指令 1：请翻译以下表扬信

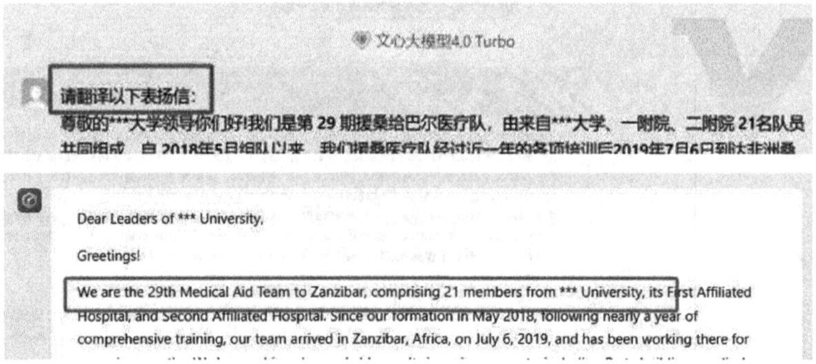

</td></tr>
</table>

续表

<table>
<tr><th>课次</th><th>教学内容</th></tr>
<tr><td>第二次课</td><td>
指令 2：请按照英文表扬信的书写规范对以下表扬信进行编译

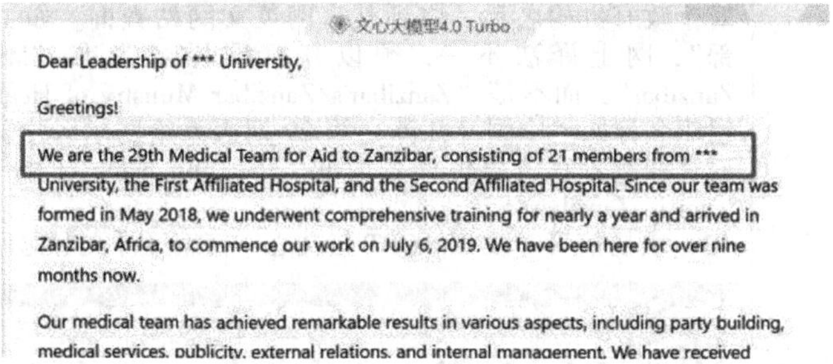

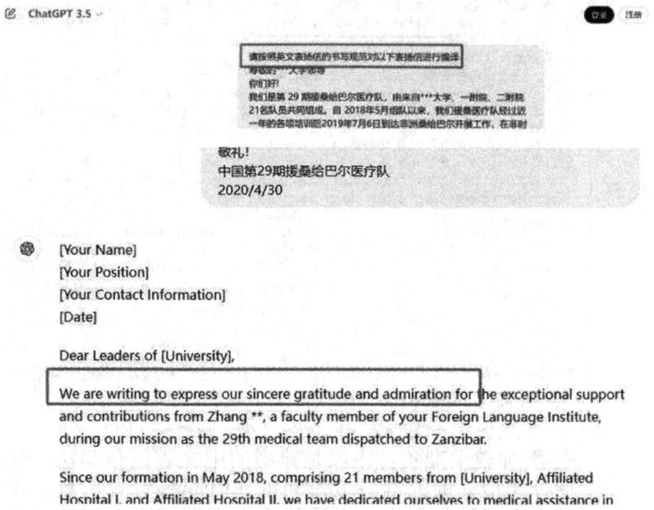

通过输入不同指令发现，文心一言与 ChatGPT 对于指令变化的反应灵敏度不同。对于 ChatGPT 而言，输入准确指令有助于达到更为理想的翻译效果

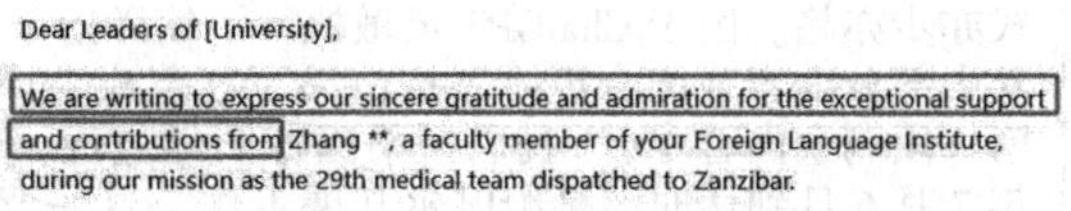

上图为 ChatGPT 编译译文首段。我们可以看到，表扬信开首句句型是值得我们学习的，但第一段的翻译依然有提升空间，如“外国语学院”“第 29 届援桑给巴尔医疗队”。这就涉及下一个问题：专有名词的翻译
</td></tr>
</table>

续表

<table>
<tr><th>课次</th><th>教学内容</th></tr>
<tr><td>第二次课</td><td>
(2) 专有名词的翻译问题
① 教师指出，表扬信中专有名词数量较多，有的专有名词在表扬信中反复出现。在小组分工合作翻译中，容易出现专有名词前后译法不统一的现象。专有名词的翻译遵从“名从主人”原则
② 随机抽选一组代表分享如何解决专有名词翻译难题
✧ 教师教学准备：示范如何从可靠途径快速找到可靠译文
对于政府机构名称，应到其官网英文网站查询。如“桑给巴尔卫生部”，网上译法不一，须以其官网译名为准“Ministry of Health Zanzibar”，而不是“Zanzibar's/Zanzibar Ministry of Health”。对于其他组织名称如“中国（江苏）第 29 期援桑给巴尔医疗队”应以我国政府官网或者官方媒体译名为准“the 29th batch of the Chinese medical team in Zanzibar”
(3) 表扬信第一段 ChatGPT 与文心一言编译译文对比评析
<table>
<tr><th>原文</th><th>ChatGPT</th><th>文心一言</th></tr>
<tr><td>我们是第 29 期援桑给巴尔医疗队，由来自***大学、一附院、二附院 21 名队员共同组成。自 2018年5月组队以来，我们援桑医疗队经过近一年的各项培训后2019年7月6日到达非洲桑给巴尔开展工作，在非时间已经 9个多月。医疗队无论是在党建、医疗、宣传，还是在对外关系、队内管理等方面都取得了丰硕的成果，得到了中国驻桑给巴尔总领馆、国家卫健委、省卫健委、桑给巴尔卫生部、受援医院的广泛好评。而这一切都是和我们医疗队的一员——贵校外国语学院张**老师的努力分不开的她为医疗队各项工作的顺利开展做出了卓越贡献。</td><td>...during our mission as the 29th medical team dispatched to Zanzibar. Since our formation in May 2018, comprising 21 members from [University], Affiliated Hospital I, and Affiliated Hospital II, we have dedicated ourselves to medical assistance in Zanzibar for over 9 months. Zhang ** has played an indispensable role in ensuring the smooth operation of our team across various fronts including party building, medical care, public relations, and internal management. Her efforts have garnered widespread acclaim from the Chinese Consulate in Zanzibar, the National Health Commission, Provincial Health Commission, Zanzibar Ministry of Health, and the recipient hospitals.</td><td>We are the 29th Medical Aid Team to Zanzibar, comprising 21 members from *** University, its First Affiliated Hospital, and Second Affiliated Hospital. Since our formation in May 2018, after nearly a year of intensive training, we arrived in Zanzibar, Africa, on July 6, 2019, and have been actively engaged in our mission for over nine months. Our team has achieved remarkable accomplishments across various aspects, including party building, medical services, publicity, external relations, and internal management, earning widespread accolades from the Chinese Consulate General in Zanzibar, the National Health Commission, the Provincial Health Commission, the Zanzibar Ministry of Health, and the recipient hospitals. These achievements are inseparable from the outstanding efforts of Ms. Zhang **, a member of our team and a teacher from your esteemed School of Foreign Languages.</td></tr>
</table>
① 原文结构分析
✧ 学生讨论+代表发言
✧ 教师教学准备：该段是典型的中文表扬信写法，先做自我介绍，然后介绍援非前的准备工作和抵非时间等背景信息，进而列举在非取得的主要成绩，指出该成绩的取得离不开张老师的贡献，采用典型的表彰机构叙事视角
② 译文对比评析
从上图来看，文心一言再现原文的表彰机构叙事视角，对原文行文方式亦步亦趋。由于 ChatGPT 灵敏执行了编译指令，译文篇幅大幅缩减，其中部分内容为配合英语表扬信书写规范成为译文的开首段，在原文第一段剩余内容中，“我们援桑医疗队经过近一年的各项培训后 2019 年 7 月 6 日到达非洲桑给巴尔开展工作”这一背景信息被 ChatGPT 视为无关信息予以删除，学生就此处展开讨论，探讨删除的合理性，教师表明看法，这种删除合情合理，符合编译原则
此外，还值得注意的是，ChatGPT 力图凸显张老师的个人贡献。试比较 ChatGPT 译文与文心一言译文：
</td></tr>
</table>

续表

<table>
<tr><th>课次</th><th>教学内容</th></tr>
<tr><td>第二次课</td><td>
ChatGPT 译文——Zhang×× has played an indispensable role in ensuring the smooth operation of our team across various fronts including … Her efforts have garnered widespread acclaim from …
文心一言译文：Our team has achieved remarkable accomplishments across various aspects，including …，earning widespread accolades from … These achievements are inseparable from the outstanding efforts of Ms. Zhang××…
在 ChatGPT 版本中，张老师及其个人贡献被前景化，符合英文表扬信的写作规范，而文心一言延续原文的写作思路，将张老师作为集体中的一员看待，凸显的是集体取得的成绩中有张老师的功劳
<table>
<tr><td>一是马克思主义的资源，包括马克思主义基本原理，马克思主义中国化形成的成果及其文化形态，如党的理论和路线方针政策，中国特色社会主义道路、理论体系、制度，我国经济、政治、法律、文化、社会、生态、外交、国防、党建等领域形成的哲学社会科学思想和成果。</td><td>(1) Marxist resources. These include axioms of Marxism, the achievements of adapting Marxism to the Chinese context and its cultural manifestations the CPC theories, guidelines, principles, and policies; the path, theoretical systems and institutions of Chinese socialism; and thoughts and achievements in philosophy and social sciences concerning China's economy, politics, laws, culture, society, eco-environment, diplomacy, national defense and the CPC development.</td></tr>
<tr><td>中国特色哲学社会科学应该涵盖历史、经济、政治、文化、社会、生态、军事、党建等各领域，囊括传统学科、新兴学科、前沿学科、交叉学科、冷门学科等诸多学科，不断推进学科体系、学术体系、话语体系建设和创新，努力构建一个全方位、全领域、全要素的哲学社会科学体系。</td><td>It should cover history, economy, politics, culture, society, eco environment, the military, and Party development, and span traditional subjects, emerging subjects, leading-edge subjects, interdisciplinary subjects, and less popular subjects as well. These are expected to evolve into an all-encompassing system of learning by continuously improving and innovating the primary disciplinary system, academic system and discourse system.</td></tr>
</table>
另需注意的是，该段中“党建”两个翻译平台处理都不恰当，没有凸显“党”在该语境下特指中国共产党，应改为 the CPC development
(4) 表扬信第二段 ChatGPT 与文心一言编译译文对比评析
<table>
<tr><th>原文</th><th>ChatGPT</th><th>文心一言</th></tr>
<tr><td>作为医疗队的翻译，张老师尽心尽力，一到非洲交接期间就跟桑方医院、卫生部等重要部门关键人物都建立了良好的关系。张老师业务水平高，在多个重要场合，如总统接见、卫生部欢迎会、总领馆的欢迎会等担任现场翻译获得外方的高度评价。//张老师是医疗队和桑方沟通的桥梁和纽带，平时工作任劳任怨，协助医疗队员办理居住证工作证和医师执业证书，为医疗队去银行办理相关业务还积极参与到医疗队的生活管理，无论是生活物资的购买还是日常食品的采购都是主动承担任务，为大家的生活提供了坚实的保障。//张老师还积极协助兄弟单位的各项工作如**大学护理学院、附属儿童医院的国际培训项目、**医院宫颈癌筛查项目、**省血防所的血吸虫防治项目等等，均得到了各项目组的一致赞扬。</td><td>As the team's translator, Zhang ** has consistently demonstrated utmost dedication and professionalism. She established excellent relationships with key personnel in Zanzibar hospitals and health departments right from the outset. Her proficiency was particularly evident during critical events such as presidential receptions, health department welcomes, and consulate gatherings, where her on-the-spot translations earned high praise from our foreign counterparts.
//Beyond her role as a translator, Zhang ** has been a pivotal link and coordinator for our team's daily operations. She tirelessly assisted team members with residency permits, work permits, and medical practitioner licenses. Zhang ** also took proactive responsibility for daily necessities, including purchasing living essentials and groceries, ensuring our well-being in Zanzibar.
In addition to her duties with our team, Zhang ** actively supported various projects of sister units such as nursing training initiatives at ** University's Nursing School, cervical cancer screening projects at ** Hospital, and schistosomiasis prevention programs at ** Provincial Institute of Blood Control, all of which received unanimous praise from their respective teams.</td><td>As the interpreter for our medical team, Ms. Zhang has been utterly dedicated. Upon arrival in Africa, she promptly established strong relationships with key personnel in Zanzibar's hospitals and the Ministry of Health. Her proficiency in her field was evident in her exceptional performance as an interpreter at various important events, such as meetings with the President, welcome ceremonies hosted by the Ministry of Health and the Consulate General, where she received high praise from our international counterparts. Serving as a vital bridge between our team and Zanzibar authorities, Ms. Zhang diligently assisted in obtaining residence permits, work permits, and medical licenses for our team members. She also actively participated in managing our daily lives, taking charge of purchasing living essentials and groceries, thereby ensuring our well-being.
Moreover, Ms. Zhang enthusiastically supported various projects undertaken by our sister units, including international training programs by the Nursing School of ** University, the pediatric hospital's cervical cancer screening initiative, and the blood fluke prevention projects of the Provincial Institute of Schistosomiasis Control, all of which earned unanimous praise from the respective project teams.</td></tr>
</table>
</td></tr>
</table>

续表

<table>
<tr><th>课次</th><th>教学内容</th></tr>
<tr><td>第二次课</td><td>① 原文结构分析
✧ 学生代表结构分析
✧ 教师点评准备：
原文第二段详细介绍张老师的工作业绩：首先是张老师承担本医疗队外联工作、翻译工作和日常运营工作所取得的业绩，其次是张老师协助兄弟单位的工作所取得的业绩
② 译文对比评析
✧ 文心一言依然对原文句式和表达方式亦步亦趋
✧ 两个平台都对译文段落进行了切分，ChatGPT 版译文划分为 3 段，文心一言划分为 2 段，在切割处都有词汇衔接手段如 ChatGPT 的 “beyond her role as a translator” “in addition to her duties with our team”，文心一言的 “moreover”。但 ChatGPT 译文的衔接方式显然更佳，“beyond her role as a translator” 上承上文作为翻译的主要业绩，下启作为翻译以外的其他工作业绩，“In addition to her duties with our team, Zhang×× actively supported various projects of sister units” 上承上文作为医疗队的一员为医疗队所做贡献，下启为兄弟单位所做贡献 ，使得译文逻辑性和连贯性更强。句间、段落间的衔接也是我们在做语篇翻译时需要特别留意的地方
✧ 需要特别指出的是，ChatGPT 存在 “自我发挥” 和漏译现象，如原文 “协助兄弟单位的各项工作如××大学护理学院、附属儿童医院的国际培训项目”，ChatGPT 为了语义明晰起见，擅自补充了 “nursing training initiatives”，却遗漏了附属儿童医院的国际培训项目，文心一言同样出现了张冠李戴现象，将本属于××医院的宫颈癌筛查项目与附属儿童医院误配，闹了笑话
✧ ChatGPT 还将 “卫生部” 理解为 “卫生部门”（health department），导致译文错误
（5）表扬信第三段 ChatGPT 与文心一言编译译文对比评析
<table>
<tr><th>原文</th><th>ChatGPT</th><th>文心一言</th></tr>
<tr><td>新冠疫情爆发以来，张老师的任务更重了，需要及时给对方通报我国疫情的变化和采取的措施，反驳西方尤其美国对我国防疫工作的曲解和污蔑，做好解释工作，让桑方及时理解并支持我国采取的措施，了解我国对世界抗疫所做的贡献。而近阶段疫情又在非洲蔓延发展，每天张老师还要了解桑方的疫情变化，及时吸取中国抗疫的经验，积极联系驻桑给巴尔总领馆、桑卫生部、医院，包括中方捐助物资的联系、抗疫物资清关等等。//她工作认真负责，细心、默默地、按部就班地把各项工作做好，我们所有医疗队员都看在眼里，记在心里。</td><td>Amid the COVID-19 pandemic, Zhang **'s responsibilities intensified as she promptly conveyed updates on China's epidemic situation, countered misconceptions and criticisms from Western countries, and facilitated understanding and support for China's efforts in global epidemic control among Zanzibar officials. Recently, with the escalating situation in Africa, she has been diligently monitoring local developments, disseminating China's guidelines and sharing our epidemic control experiences, and coordinating with the Chinese Consulate, Zanzibar Ministry of Health, and hospitals on matters such as customs clearance for epidemic prevention supplies.

//Her meticulous and conscientious approach to her work, undertaken with quiet dedication and precision, has not gone unnoticed by all of us in the medical team.</td><td>Since the outbreak of the COVID-19 pandemic, Ms. Zhang's responsibilities have grown even more significant. She promptly communicated updates on China's epidemic situation and measures to Zanzibar authorities, refuting misconceptions and slander from the West, particularly the United States, and explaining China's efforts to facilitate understanding and support from Zanzibar. As the pandemic spread across Africa, Ms. Zhang diligently monitored Zanzibar's situation, disseminating China's guidelines and sharing our experiences in combating the virus. She actively liaised with the Chinese Consulate General in Zanzibar, the Ministry of Health, hospitals, and facilitated the clearance and distribution of donated medical supplies. Her meticulous and unwavering dedication to her work has been deeply appreciated by all members of our medical team.</td></tr>
</table>
</td></tr>
</table>

续表

<table>
<tr><th>课次</th><th>教学内容</th></tr>
<tr><td>第二次课</td><td>时态的选择
✧ 教师提问：此段中“而近阶段疫情又在非洲蔓延发展，每天张老师还要了解桑方的疫情变化，及时吸取中国抗疫的经验，积极联系驻桑给巴尔总领馆、桑卫生部、医院，包括中方捐助物资的联系，抗疫物资清关，等等”一句，两版译文时态选择差异较大，你认为哪个版本时态选择更合理？为什么？
✧ 教师点评准备：表扬信写作日期为 2020 年 4 月，当时正值新冠疫情全球蔓延期，原文中“近阶段……”一句，讲述的是从写信前某时开始到写信的时刻，张老师一直持续在做疫情相关的工作，在当时疫情走势尚不明朗的情形下，这些工作很可能还要持续下去，从这个意义上讲，现在完成进行时是最佳选择，同时也能体现出这项工作的长期性和张老师工作的艰辛。而文心一言采用的一般过去时无法体现出工作的持续性与长期性
（6）表扬信第五段 ChatGPT 与文心一言编译译文对比评析
<table>
<tr><th>原文</th><th>ChatGPT</th><th>文心一言</th></tr>
<tr><td>国内疫情发生以来，在习近平主席亲自指挥和部署下经过全体中国人民艰苦不懈的努力，中国境内疫情防控工作目前已取得阶段性成果，我省抗疫工作成果尤为突出、***大学各附属医院派出数百名医护人员参加武汉抗疫，为控制武汉疫情做出了突出贡献，还有更多的医务人员也在各个工作岗位上默默奉献，我们援外队员一定以他们为榜样，继续把援外的各项任务做好。</td><td>Since the outbreak of the domestic epidemic, under the personal command and deployment of President Xi Jinping, the concerted efforts of the Chinese people have achieved significant progress in epidemic prevention and control. Particularly outstanding are the contributions from our province and [University], which dispatched hundreds of medical personnel to aid in Wuhan, making pivotal contributions to containing the outbreak. Many more medical workers have silently dedicated themselves in various roles, serving as exemplary figures for our team during our international missions.</td><td>Under the personal guidance and deployment of President Xi Jinping, China has achieved notable successes in its COVID-19 prevention and control efforts, with our province's achievements particularly outstanding. Hundreds of healthcare workers from the affiliated hospitals of *** University have contributed significantly to the fight against the epidemic in Wuhan. Many more medical professionals continue to serve silently in various capacities. As members of the foreign aid mission, we are inspired by their example and remain committed to fulfilling our overseas aid tasks with excellence.</td></tr>
<tr><td>第 29 期援桑给巴尔医疗队对***大学为我们医疗队培养、派出了优秀的职工表示感谢。我们除向张**老师学习以外，特写信向贵校建议，请贵校有关部门把张老师的先进事迹广为宣传，予以表彰。//最后祝***大学各项工作越办越好，为我国、我省卫生健康事业输送更多人才。
此致
敬礼！
中国第29期援桑给巴尔医疗队
2020/4/30</td><td>The 29th medical team to Zanzibar extends its heartfelt thanks to [University] for nurturing and deploying outstanding staff members like Zhang **. Apart from learning from Zhang **'s exemplary conduct, we respectfully recommend that your esteemed institution publicize her exemplary deeds and consider recognizing them formally.

In closing, we extend our best wishes for the continued success of all endeavors at [University] and for the continued advancement of public health in our country and province through the cultivation of more talented individuals.

Yours sincerely,</td><td>On behalf of the 29th Medical Aid Team to Zanzibar, we extend our heartfelt gratitude to *** University for nurturing and dispatching such an outstanding individual as Ms. Zhang ** to our team. Besides emulating her example, we humbly request that your esteemed institution publicize and commend Ms. Zhang's remarkable achievements through relevant departments. Lastly, we wish *** University continued success in all its endeavors, fostering more talents to contribute to the healthcare industry of our country and province.

With utmost respect,
The 29th Medical Aid Team to Zanzibar
April 30, 2020</td></tr>
</table>
人称的选择
✧ 教师提问：上图中画框的句子“第 29 期援桑给巴尔医疗队对××大学为我们医疗队培养、派出了优秀的职工表示感谢”，你认为哪个版本的译文更佳？
✧ 学生讨论，代表发言
✧ 教师点评准备：中文原文“第 29 期援桑给巴尔医疗队对××表示感谢”形式上使用第三人称，旨在凸显官方立场和语气的正式度，而英</td></tr>
</table>

续表

课次	教学内容
第二次课	文表扬信是以官方名义对个人进行表彰，倾向于使用第一人称，如"On behalf of the 29th Medical Aid Team to Zanzibar, we extend our heartfelt gratitude to ..."，亲切而又不失庄重

3. 课后

（1）布置本次课课后作业

（2）课本第12单元"全面从严治党的战略方针"预习与试译——①核心概念解读部分：结合课本核心概念解读和官媒解读文章，准确理解8个核心概念的内涵，并完成小组试译和翻译日志，提交到超星学习通平台分组任务中。②重点段落分析与翻译部分：完成段落一、二的原文结构分析与小组试译，撰写翻译日志，提交到超星学习通平台分组任务中，并准备做翻译过程与译文分析汇报。

（六）教学反思

1. 本单元课程思政教学设计创新点

（1）小处着眼，以小见大，医学串联。单元主题立意高远、视野宏大，经抽丝剥茧，落脚于援外医疗与民间外交，落地于我校英语教师作为随队翻译参与援外医疗时收到的一封表扬信，从而勾连起个人、国家与世界，翻译、医学与外交，从民间视角生动诠释中国特色大国外交。

（2）注重翻译全过程能力培养。教学设计囊括工作方案构思、原文理解与分析、语言转换、初译修改与润色、译文定稿、译文传播效果考查等翻译全过程各个环节，通过教师引领下的师生合作探究，切实提升学生翻译全过程解决问题的能力。

2. 本单元课程思政教学设计改进方向

本课程为我校英语专业开设的唯一一门汉英方向翻译课程，需要在36学时内同时完成理论教学、翻译导论、英汉语言对比和中国时政文献英译等诸多内容的教学，能用于本单元教学的课时数相当有限，而课本单元译例丰富，课堂教学无法覆盖所有内容，未来将通过录制微课、充分利用在线开放教育资源，并结合学校即将实施的自主学习环节，尽可能多地覆盖课本更多内容。

"综合英语"课程思政教学案例
The Importance of Moral Intelligence in Children

于银磊　甄晓婕　肖　凡　李　婷　贾留全

一、课程总览

课程名称：综合英语。

课程类型：英语专业核心课程。

课程目标：本课程旨在培养和提高学生综合运用英语的能力，即传授基本的英语语言知识，训练基本的英语听、说、读、写、译技能，培养学生运用英语进行交际的能力，为进入高年级的学习打下扎实的专业基础。同时，本课程也承担着提高学生综合人文素养的任务，即增长学生的人文知识和科技知识，培养自主学习的能力、独立思考的能力和勇于创新的能力，为以后的终身学习奠定基础。本课程重在探索习近平新时代中国特色英语教育新路径，构建用英语讲好中国故事的能力培养模式，让英语专业在服务于中国改革开放，尤其是"一带一路"建设、中国文化国际传播的实践中发挥更大的作用。

授课对象：英语专业一年级本科生。

授课学时：168 学时。

二、教学设计

（一）案例简介

本案例授课内容出自《综合教程 2》（第 3 版）中 Unit 12 The Importance of Moral Intelligence in Children。本文是一篇议论文，主要探讨了儿童道德智能（Moral Intelligence）的重要性。在教学过程中，我们秉持"内容语言融合教学"的理念，将语言知识关联情感价值，思政元素融入课程教学，引导学生树立正确的道德观念和高尚的道德情操。

（二）教学目标

1. 知识目标

（1）能够理解道德智能的基本概念和构成要素，即米歇尔·博芭（Michele Borba）提出的七项基本美德——同理心（empathy）、良心（conscience）、自我控制（self-control）、尊重（respect）、善良

(kindness)、宽容（tolerance）和公正（fairness）。

（2）能够列举美国儿童道德危机（moral crisis）的具体表现，如青少年暴力（youth violence）、校园欺凌（school bullying）、撒谎欺骗（cheating and dishonesty）等。

（3）能够了解美国在解决儿童道德问题上所采取的一些措施，包括学校安全措施的加强（heighten security）、枪支控制的倡导（gun control）、特许学校的设立（charter school）、家庭教育的选择（home schooling）等。

2. 能力目标

（1）能够抓住文章的中心思想和框架结构，提高思辨阅读能力。

（2）能够了解议论文的论证方法：列举数据和引用权威专家的观点。

（3）能够识别并讨论道德困境（moral dilemma），如电车难题，发展批判性思维和道德判断能力。

（4）能够使用恰当的英语表达方式，向世界介绍中国的道德观念和价值理念（morality and values），展示中国传统文化的独特魅力。

3. 课程思政目标

（1）能够对自己的道德行为和决策进行反思，促进自我认知和道德成长。

（2）能够将正确的价值观内化于心、外化于行，培养积极的社会责任感。

（3）能够深刻理解中华传统美德的内涵和价值，学会在全球化背景下积极弘扬和传播中华优秀传统文化，促进世界文明交流互鉴。

（三）教学内容

1. 话题导入：道德智能（Lead-in：Moral Intelligence）

➢ 头脑风暴：Look at the pictures and guess what they stand for.

IQ = Intelligence Quotient（智商）

EQ = Emotional Quotient（情商）

AQ = Adversity Quotient（逆商）

They are often used to measure a person's abilities and potential for success. However, these measurements are too limited.

➢ 概念阐释：

Moral Intelligence is the capacity to understand the right from the wrong and to behave based on the value that is believed to be right. It consists of the personal, social, mental, emotional, and moral skills that make up solid character and guide moral behaviors.

➢ 词汇练习：

Match the seven virtues with the description of them.

In the book *Building Moral Intelligence*：*The Seven Essential Virtues That Teach Kids to Do the Right Thing*, Michele Borba notes seven essential virtues of moral intelligence(表 4-12).

表 4-12　博芭道德智能的七项美德

Borba's essential virtues	Description
Empathy	Identifying with and feeling other people's concerns
Conscience	Knowing the right and decent way to act and acting in that way
Self-control	Regulating your thoughts and actions so that you stop any pressures from within or without and act the way you know and feel is right
Respect	Showing you value others by treating them in a courteous and considerate way
Kindness	Demonstrating concern about the welfare and feelings of others
Tolerance	Respecting the dignity and rights of all persons, even those beliefs and behaviours we may disagree with
Fairness	Choosing to be open-minded and to act in a just and fair way

2. 文本分析：美国儿童的道德危机及应对措施(Text Explanations：Moral Crisis of American Kids and Its Solutions)

➢ 思辨阅读：

Read the text and answer the following questions.

(1) Why does the author consider the issue as "a clear and pressing crisis"? (Para.1)

Answer：Because the problem involves our most cherished possession：our children. And it arouses the concern of everybody—lawmakers, doctors, clergy, businesspeople, educators, parents, and the general public alike.

(2) Why does the author say "youth violence alone should warrant a national declaration of emergency"? (Para. 2)

Answer: She says so because of two startling pieces of evidence: the first is that the United States has the highest youth homicide and suicide rates among the twenty-six wealthiest nations in the world; the second is that killers are getting younger and younger.

(3) What are the major disturbing signs the author mentions in Paragraph 3?

Answer: Increasing peer cruelty, easy accessibility to weapons, the growing disrespect for parents, teachers and other legitimate authority figures, the increase of vulgarity, widespread cheating and dishonesty, and heavy alcohol and drug use.

(4) What are the disturbing indicators in children's psychological and emotional dimension?

Answer: In two decades, the number of diagnoses of hyperactivity and attention deficits has risen 700 percent. In the last four decades, adolescent suicide in our country has increased 300 percent, and depression has risen 1,000 percent.

(5) Can you find several words in the text to describe the seriousness of moral crisis of American kids?

Answer: shocking/disturbing/horrifying/frightening(appalling/disgusting)

(6) How have parents reacted to the continuing crisis? (Para. 4)

Answer: Moms marched on Washington for stricter gun control; some parents have started charter schools, while others have opted for home schoolings.

(7) What are educational strategies that were taken to tackle the problem? (Para. 4)

Answer: Teachers have taught self-esteem and conflict resolution skills, and counselors have addressed social skills and anger management. Individual states have implemented retention policies, lowered class sizes, and boosted academic standards.

(8) How does the author evaluate the efforts people have made to cope

with the crisis? (Para. 5)

Answer: Obviously, the author is not quite satisfied with the result of these "frantic efforts", because "the crisis remains, and ... our children are still hurting".

(9) What does the author think is the best way to tackle the crisis? (Para. 6)

Answer: Enhancing our children's moral intelligence is our best hope for getting our kids on the right course so that they do act as well as think right.

3. 知识拓展：道德困境（Knowledge Expansion: Moral Dilemma）

➢ 案例分析：电车难题（The Trolley Problem）

Picture a big, heavy trolley rolling quickly on train tracks. Ahead, there are five people tied up on the tracks who cannot move. The trolley will hit them if it stays on the same path. You are right next to a lever(操作杆) that can make the trolley switch to a different set of tracks, but there is one person tied up on that alternative path.

Now, the big question: Do you pull the lever to make the trolley switch tracks, saving the five people but causing it to hit the one person, or do you not touch the lever and let the trolley hit the five?

➢ 概念阐释：

Moral dilemmas are situations where you face a difficult choice between conflicting moral principles or values. These dilemmas often involve a conflict of interest, where pursuing one moral value might lead to the violation of another.

➢ 小组讨论：

Watch the video and discuss the questions in it.

Should Heinz have stolen the drug?

Would it change anything if Heinz didn't love his wife?

What if the person dying was not his wife but a stranger?

Should the police arrest the druggist for murder if the wife had died?

4. 文化反思：中华传统美德（Cultural Reflection：Traditional Chinese Virtues）

➢ 翻译练习：

Translate the following expressions and explain the virtues they embody.

（1）己所不欲勿施于人

Translation：Don't impose on others what you do not want yourself.

Explanation：That is the way of being considerate advocated by Confucius（孔子提倡的"恕道"）. It calls for using one's own mind to infer and understand other people's minds. In today's words，it means to put oneself into others' shoes or to think from their positions.

（2）四海之内皆兄弟

Translation：All the people within the Four Seas are brothers.

Explanation：Four Seas refers to the world inhabited by humans，which was also called "all under heaven". This saying means that all the people in the world are as close as brothers. It shows the inclusive and broad mind of the Chinese and their compassion，love and friendship（兼济天下的博大胸怀、仁爱友善的人文精神）towards other human beings.

（3）和为贵

Translation：Harmony is most precious.

Explanation："He"（和）indicates congruity（和谐）and appropriateness（恰当）.

It is a state of co-existence on the basis of due respect for differences and diversity，resulting in a "harmonious yet diverse（和而不同）" society. It is an important moral concept of the Confucian school in managing inter-personal relations（儒家处理人际关系的重要伦理原则）.

（4）言必信，行必果

Translation：Promises must be kept. Actions must be resolute.

Explanation：The expression comes from *Mozi*（《墨子》）and *The Analects*（《论语》）. Followers of Mozi and Confucian ethics admired those who could keep their promises and whose actions were resolute. They believed speech and action should match（言行一致）.

（四）教学方法及手段

1. 讲授法和讨论法

在本节课中，讲授法和讨论法相辅相成，共同构建了一个促进学生深入理解道德智能的互动式学习环境。教师的直接讲解，为学生提供了道德智能的基础知识框架，包括理论概念、美德特质及道德困境的案例分析。这种方法确保了学生能够获得必要的背景信息和理论支撑。讨论法则被用来激发学生的批判性思维，通过头脑风暴、小组讨论和案例分析，学生能够主动参与到道德问题的探讨中，分享不同观点、进行辩论，并在教师的引导下深化理解。这两种教学方法的结合，旨在帮助学生全面理解道德智能，并在现实生活中做出明智的道德判断和决策。

2. 任务型教学法

任务型教学法是指教师通过引导学生在课堂上完成任务来进行教学，强调“在做中学”。在本节课中，教师依照循序渐进的原则设计了一系列任务，详见表 4-13。

表 4-13 教师设计的任务及其过程和目的一览表

任务	过程	目的
任务一：课前预习	了解作者信息、课文生词、相关话题查阅	熟悉章节内容，为课堂学习做好准备
任务二：词汇练习	将道德智能的美德特质和其描述配对	深入理解道德智能的七大美德，夯实语言基本功
任务三：思辨阅读	阅读文本，了解美国儿童的道德危机和应对措施	提高识别、分析、阐释、评价、创造等思辨阅读能力
任务四：案例分析	分析道德困境的案例	评估道德判断力和决策力
任务五：翻译练习	了解中华传统美德的内涵及其翻译	提高英语翻译能力，讲好中国故事
任务六：课后作业	英文情景剧表演，展现社会主义核心价值观	学以致用，语言训练和价值塑造有机融合

（五）教学过程

本课程教学过程、教学活动及设计意图见表 4-14。

表 4-14 课程教学过程、教学活动和设计意图

教学过程	教学活动	设计意图
课前	线上发布章节预习任务： (1) 了解作者米歇尔·博芭及她的学术贡献和影响 (2) 自主学习课文中的语言点，制作个性生词表 (3) 查阅关于道德智能、道德困境的相关资料 (4) 了解当今社会孩子道德发展遇到的一些挑战 (5) 阅读文本材料，把握文章的中心思想和框架结构	(1) 培养自主学习、研究性学习的能力 (2) 熟悉单元讨论的话题，了解相关的背景知识 (3) 初步阅读课文，为深入讨论打下基础
课中	话题导入：引入德商（Moral Intelligence Quotient）概念，介绍道德智能的基本概念和美德特质 思辨阅读：阅读课文，了解美国儿童的道德危机问题，以及美国在解决儿童道德问题上所采取的措施 延伸拓展：引入电车难题案例，介绍道德困境理论，引导学生分析可能的道德决策和行为所带来的后果 文化反思：探讨中华传统美德的内涵和翻译	(1) 了解什么是德商 (2) 提高学生识别、分析、阐释、评价、创造等思辨阅读能力 (3) 提高学生讨论、演讲等英语口头表达能力 (4) 提高汉译英翻译技能，传播中华民族传统美德
课后	角色扮演：以社会主义核心价值观为主题，紧密结合大学生活，编排和演绎英文情景剧，讲述一个道德故事 反思写作：写一篇短文，反思自己的道德判断和道德决策	(1) 增强团队合作能力，结合专业知识，将价值观念转化为道德实践 (2) 通过自我审视和深入思考，提升自我意识和批判性思维能力，促进个人成长和社会责任感

（六）教学反思

本节课主要探讨道德智能的相关话题，包括道德危机、道德困境和道德美德，旨在培养学生的道德意识、批判性思维和决策能力，同时提升他们的英语语言技能。以下是三个方面的教学反思。

1. 教学理念

我们始终遵循外语教育“内容语言融合教学”的理念。本节课通过语言学习促进学生的道德成长，同时通过道德话题的探讨来提升语言能力。在实施过程中，学生对于结合实际道德困境的语言学习活动表现出

了较高的兴趣，并积极参与。这种教学方法不仅帮助学生加深了对英语语言的理解，而且促进了他们对道德问题的深入思考。但是，要加强对学生课前预习和课后复习的指导，确保每个学生都能有准备、有收获。

2. 教学过程

本节课包括课前预习、课内教学和课后复习三个阶段。课前，学生预习相关材料，这有助于他们在课堂上更深入地参与讨论。课内，我们通过讲授法、讨论法和任务型教学法相结合的方式，引导学生理解道德智能的概念，分析美国儿童的道德危机及其解决之道，讨论道德困境的案例，探讨中华传统美德的内涵和翻译。课后，学生通过角色扮演和反思写作来巩固和深化他们的课堂所学。

3. 教学方法

本节课通过设计具体的任务，如课前预习、词汇练习、思辨阅读、案例分析翻译练习和反思写作，融合讲授法和讨论法，鼓励学生在语言实践中学习。但是，任务设计需要更贴近学生的实际生活经验，以增强学习的现实意义。

第五章　留学生教育课程

“中国概况”课程思政教学案例
Science & Technology

徐　畅

一、课程总览

课程名称：中国概况。

课程类型：来华临床医学学士（Bachelor of Medicine and Bachelor of Surgery，MBBS）留学生必修课。

课程目标：提升跨文化理解。帮助外国留学生深入理解中国文化的多样性和复杂性，培养他们对不同文化的尊重和理解。增强中文沟通能力。通过学习中国文化，提高外国留学生的中文语言技能，特别是在表达和讨论中国文化相关话题时的沟通能力。

授课对象：来华 MBBS 留学生。

授课学时：30 学时。

二、教学设计

（一）案例简介

本案例授课内容出自《中国文化概况》中的 Chatper 5 Science & Technology。本章节主要介绍了中国古代和现代的科技成果，展示了中国科技的发展。教师在讲授课程时，不仅通过讲解课文增进了学生对中国传统文化和现代科技的认识，还深入挖掘课文中富有人文内涵和思政教育意义的话题，在思政教育中融入了文化自豪感、科技交流、创新精神、和平利用和国际合作等要素。

在介绍中国古代的科技成就时，教师强调了四大发明对世界文明的影响，以及传统医学的基本原理和治疗方法。这些内容不仅展示了中国古代科技的伟大，也让学生体会到中国人民的智慧和创造力。同时本课程学习侧重加深留学生对中国传统文化和现代科技的认同感，培养他们对科技创新的兴趣。此外，教师还强调了科技伦理和社会责任，通过展示中国如何将科技成果用于社会发展和人类福祉，引导学生认识到科技的双重性，科技的和平利用的重要性，以及科技在促进全球和平与发展中起到的重要作用，鼓励他们拓宽国际视野，认识到跨文化交流在推动全球发展中的重要性，积极参与国际科技交流与合作，共同应对全球性挑战。

通过介绍中国在国际科技交流与合作中的角色，如共建“一带一路”倡议下的科技合作，教师向学生展示了国际合作在解决全球性问题中的作用。此外，课程致力于鼓励学生并激发他们在医学领域的创新思维，培养解决实际问题的能力、集体主义精神和协作技巧，以促进其全面发展。

（二）教学目标

本章教学旨在帮助外国留学生深入了解中国科技的过去、现在及未来的发展。教学目标将分别从三个方面阐述。

1. 知识目标

（1）了解历史：让学生了解中国古代科学技术的主要成就，如四大发明（造纸术、火药、印刷术、指南针）、传统医学等，以及它们对世界文明的影响。例如，造纸术的发明极大地促进了文化的传播和保存，而火药的发明则改变了战争的形式。在课程中，学生还将学习到中医的基本原理和治疗方法，这些都是中国古代科技概念的重要组成部分。

（2）掌握概念：理解中国古代科技概念及其在当代的应用，例如，中医的基本原理和治疗方法。

（3）认识发展：掌握中国现代科学技术的发展历程，包括在原子能、航天技术、生物技术等领域的重要里程碑。例如，中国第一颗原子弹、氢弹的成功爆炸，以及“东方红一号”卫星的发射等，这些都是中国现代科技的重要成就。

（4）学习技术：学习中国在特定科技领域的创新技术，如合成结晶牛胰岛素、杂交水稻技术等。这些技术不仅展示了中国在特定领域的领先地位，也体现了中国科技的创新精神。

（5）理解贡献：认识到中国科学技术对全球科技进步和社会发展的贡献，以及在国际科技交流中的重要作用。中国科技的快速发展，如人工智能、量子计算和新能源等领域的突破，正在为全球科技合作与进步注入新动力。

2. 能力目标

(1) 批判性思维：鼓励学生运用批判性思维分析中国科技的发展历程及其对全球的深远影响。引导他们评估科技发展背后的动因、过程和结果，以及这些发展如何塑造当代中国和世界。鼓励学生提出自己的见解和疑问，培养他们独立思考的习惯。

(2) 跨文化交际：提高学生在不同文化背景下有效沟通和交流的能力，特别是在医学领域，课程着重于培养学生的国际合作与交流技巧，使他们能够在未来的职业生涯中，与来自不同文化背景的同行有效合作。

(3) 创新应用：通过探讨中国传统医学的现代应用，激发学生的创新思维。鼓励学生思考如何将中医的古老智慧与现代医学相结合，以解决当前面临的健康挑战。这种跨学科的思考方式有助于学生拓宽新的解决问题的途径。

(4) 团队合作：通过小组讨论、案例分析和团队项目合作，培养学生在团队中的协作能力，学生将学习如何在团队中发挥自己的长处，如何与不同背景的团队成员沟通和协作，以及如何共同解决问题。这些技能对于学生未来的学术研究和职业发展都是至关重要的。

3. 课程思政目标

(1) 增强文化认同：通过学习中国科技发展的历史和现状，加深外国学生对中国传统文化和现代成就的认同感。

(2) 倡导和平理念：强调科技的和平利用，培养学生对和平共处、科技促进世界和平的理念。

(3) 推动国际视野：鼓励学生拓宽国际视野，理解不同文化和科技交流对全球发展的贡献。

(4) 激发创新精神：激励学生发扬创新精神，鼓励他们在自身所学的医学领域探索新知，解决实际问题。

(5) 培养团队精神：通过团队合作学习，培养学生的集体主义精神和协作能力。

(三) 教学对象分析

本课程主要面向来南京医科大学学习临床医学专业，接受本科教育的留学生。他们大多数来自“一带一路”沿线国家，比如印度尼西亚、印度、巴基斯坦、埃及、叙利亚、阿富汗等。这些学生具有多元的文化背景，对中国的科技发展可能不太熟悉，但通常对“丝绸之路”的历史和文化有浓厚兴趣。本课程的教学将着重增强他们的跨文化理解能力和对中国科技成就的认同，促进他们的文化与中国文化之间的交流。

（四）教学内容

1. 中国古代科学技术

介绍中国古代科学技术的发展历程，包括农业系统、灌溉技术、医学传统、植物学知识，以及对世界产生重大影响的四大发明。

2. 中国传统医学（TCM）

阐述中国传统医学的历史、诊断方法、治疗手段，以及对现代医疗的贡献。

3. 古代其他重要发明

介绍除了四大发明之外的其他重要发明，如烟花、丝绸、瓷器、算盘和地震仪。

4. 现代医学和科技成就

概述近现代中国在科技领域的发展，包括原子弹、航天技术、合成结晶牛胰岛素、第一颗人造卫星、RNA 半分子合成、五笔字型输入法、南极考察站的建立、核电站的发展、高温超导体研究、正负电子对撞机、大型光学天文望远镜、杂交水稻及超级计算机等。

5. 中国航天事业的发展

讲述中国航天事业的重要里程碑，包括神舟飞船、天宫一号空间站、嫦娥三号月球着陆器及其搭载的玉兔号月球车。

6. 科技与社会发展

讨论科技如何推动社会进步，以及中国在科技领域取得的成就对全球科技发展的贡献。

7. 科技伦理与责任

引导学生思考科技发展中的伦理问题和科学家的社会责任。

8. 国际合作与交流

强调国际科技合作的重要性，以及中国在国际科技交流中的角色和贡献。

通过这些教学内容，外国学生不仅能够了解中国在科学技术领域的历史和现代成就，还能够培养跨文化理解能力、创新思维和全球视野。

（五）教学方法及手段

1. 线上和线下相结合的混合教学模式

结合超星学习通平台及大规模在线开放课程（massive open online

courses，MOOCs）名师慕课视频的学习和线下课堂教学，为学生提供灵活的学习路径。

2. 项目式教学法

将学生分成小组，每组选择一个古代科技或医学项目（如造纸术、指南针、传统中医等），研究其历史、原理，并探索其在现代的演变和应用。每组学生需要进行文献调研、制作 PPT、设计互动演示等，最终在班级展示研究成果，并与其他组进行交流讨论。评价标准则基于研究深度、创新性、团队合作、表达能力等。运用项目式教学法进行教学，学生不仅能够深入理解中国科技的历史和现代应用，还能够培养批判性思维、研究能力和团队合作精神。

（六）教学过程

1. 课前

该课程课前教学安排见表 5-1。

表 5-1 课前教学安排

教学环节	教学内容	思政设计	活动方式
课前预习	通过超星学习通平台布置学习任务： 活动 1： 通读 Chapter 5 课文，画出重点内容 活动 2： 使用中国高校外语慕课平台（UMOOCs），学习国家级精品课“中国文化概况”第 5 章 “Science & Technology”，并在超星学习通平台完成该章节 summary 的段落写作任务，之后进行生生互评	（1）课前让学生自主阅读中国科技古今成就，为课堂实现增强文化认同感和推动国际视野的思政育人目标做准备 （2）通过教材配套慕课，提前学习中国科技古今成就，锻炼概括能力，为促成课堂产出活动做准备	全班活动 笔头任务

2. 课中

该课程课中教学安排见表 5-2。

表 5-2　课中教学安排

教学环节	教学内容	思政设计	活动方式
导入	活动： 提问思考： (1) 你觉得中国古代或者现代取得的科技成果中，哪一项对人类的影响最为深远，为什么？ (2) 科技能否促进世界和平？展示单元学习目标	通过提问实现增强文化认同、推动国际视野及倡导和平理念的思政目标，激发学生的好奇心和学习兴趣	全班活动 口头简答 (5 分钟)
项目驱动	活动： 展示中国古代四大发明以及中医相关英文视频，并说明本课堂小组项目任务：每组选择一个古代科技或医学项目（如造纸术、指南针、传统中医等），研究其历史、原理，并探索其在现代的演变和应用，每组学生需要进行文献调研、制作 PPT、设计互动演示等，最终在班级展示研究成果	让学生带着项目来学习，挖掘学生的潜能，充分调动学生的学习主动性	全班活动 (10 分钟)
单元主体内容讨论分析	活动 1： 快速阅读课文，抢答问题，累计课堂表现积分 活动 2： 展示中国的载人航天计划，并根据内容提问，个人抢答累计课堂表现积分 活动 3： 观看相关视频片段，讨论屠呦呦的研究对发扬中医的作用，以及中医在美国是否受欢迎。个人抢答累计课堂表现积分 活动 4： 小组讨论中医和西医的区别	(1) 实现增强文化认同的思政目标：单元核心知识点抢答、练习 skimming 和 scanning 阅读技能。累计课堂积分，激励学生，活跃气氛 (2) 实现推动国际视野的思政目标：① 了解中国的航天技术成就，以及对人类探索太空所做出的贡献。② 了解中医的发展，其对人类健康的贡献，以及对西方国家的影响	小组活动 教师讲解 视频赏析 抢答积分 (50 分钟)

续表

教学环节	教学内容	思政设计	活动方式
项目输出	活动 1： 回顾项目驱动活动中布置的小组项目任务要求：以小组为单位，每组选择一个古代科技或医学项目，研究其历史、原理，并探索其在现代的演变和应用 活动 2： 每组学生派出代表，在全班展示 PPT，并汇报研究的成果。汇报结束之后是问答环节，其他组的同学负责提问，被提问的小组需派出代表回答问题	（1）实现语言、知识和思政目标相融合：就中国古代科技与现代应用这一主题，小组合作完成项目并进行演讲，可以激发创新精神和培养团队精神（思政目标） （2）实现师生合作评价，引导学生从语言、内容、结构等方面对展示进行点评，提升他们对中国古代科技成果的理解和评价能力 （3）线上和线下相结合的混合教学模式，实现数字赋能	小组活动 口头汇报 随堂活动 互评+师评 （50 分钟）
项目输出	活动 3： 教师对四组代表的展示从语言、内容和结构方面进行点评示范，学生对问答环节进行点评，最终教师和学生给各小组打分，参与问答环节的学生也将得到额外的课堂加分	（4）实现“教—学—评”一体化的教学流程	
自评	活动： 教师引导学生针对学习目标是否达成进行自评	完成单元学生自我评价，实现课堂形成性“教—学—评”闭环教学流程，检验教学目标达成度	全班活动 （5 分钟）

（七）教学反思

本单元的教学将思政教育与专业知识教学相结合，以期加强留学生对中国科技历史和现代成就的理解，同时提升他们的跨文化交际能力和创新精神。本单元课程的思政教学设计具有以下几个创新点。

1. 融合性教学设计

教师尝试将思政元素自然融入专业知识教学中，通过案例分析和故事讲述，让学生在了解科技知识的同时，感受到中国文化的深厚底蕴和科技伦理的重要性。

2. 项目式学习

通过小组项目，学生不仅学习了中国古代科技的历史和原理，还探索了这些科技在现代的应用，这种学习方式有效地培养了学生的团队合作精神和创新思维。

3. 互动式教学

课堂上的抢答积分和小组讨论等活动，增加了学生的参与度，使他们在互动中加深了对知识点的理解和记忆。

然而，在教学实践中也暴露出了一些需要改进的地方。

（1）批判性思维的培养：虽然项目式学习激发了学生的创新思维，但在对学生的批判性思维的培养上还需要加强。未来，教师计划设计更多开放性问题和辩论活动，鼓励学生从多角度审视问题。

（2）个性化教学的深化：在团队项目中，部分学生的参与度不高，这提示教师在未来的教学中需要更加关注学生的个性化需求，提供更有针对性的指导和支持。

（3）教学内容的深度与广度：尽管本单元涵盖了从中国古代至现代的科技成果，但在某些领域，如科技伦理和社会责任的探讨上，还可以进一步深化，以帮助学生形成更全面的认识。

（4）教学方法的多样化：为了适应不同学生的学习风格，教师应引入更多教学方法，如翻转课堂、在线互动平台等，以提高教学的灵活性和有效性。

（5）评估与反馈机制的完善：教师应建立一个更加系统和及时的评估与反馈机制，以确保学生能够及时了解自己的学习进度和存在的问题，并根据评估与反馈调整教学策略。

“中国概况”课程思政教学案例

Costume & Adornment

徐 畅

一、课程总览

课程名称：中国概况。

课程类型：来华 MBBS 留学生必修课。

课程目标：提升跨文化理解能力。帮助外国留学生深入理解中国文化的多样性和复杂性，培养他们对不同文化的尊重和理解。提高中文沟通能力。通过学习中国文化，提升外国留学生的中文语言技能，特别是在表达和讨论中国文化相关话题时的沟通能力。

授课对象：来华 MBBS 留学生。

授课学时：30 学时。

二、教学设计

（一）案例简介

本案例授课内容出自《中国文化概况》中的 Chatper 9 Costume & Adornment。本章节主要概述了中国服饰与装饰的发展历程，及其在不同历史时期的社会文化意义。从原始社会的自然材料使用到各个朝代的服饰变迁，再到各个时期的服饰特点，课文为学生提供了一幅中国服饰发展的宏伟画卷。同时，课文还介绍了丝绸与“丝绸之路”的文化影响。丝绸不仅是中国的传统手工艺品，也是中国对外文化交流的重要媒介。“丝绸之路”不仅促进了东西方的贸易往来，也推动了文化的交流与融合。除此之外，课程还介绍了中国传统刺绣艺术，蜡染工艺，以及具有代表性的民族服饰，如旗袍、中山装、藏袍等，展现了中国服饰文化的丰富多样和独特魅力。

本课程除了学习中国传统服饰的美学特征和工艺技术，还深入挖掘了服饰作为文化载体所蕴含的丰富的思政意义。从服饰的变迁中，学生可以看到中华民族在不同历史时期的社会结构、审美趣味和文化自信。服饰的多样性和包容性体现了中华民族的开放态度和融合能力，而民族服饰的独特性则彰显了中华文化的多元一体。对丝绸和刺绣等传统手工艺的传承和发展，不仅保护了非物质文化遗产，也促进了民族文化的创新与传播。此外，服饰作为国家形象的一部分，在国际交流中展现了中国的文化魅力和软实力。通过这样的教学，学生能够更加深刻地了解服饰文化在中国社会发展和文化传承中的重要作用。

（二）教学目标

1. 知识目标

（1）中国服饰的历史演变。了解中国历代服饰的发展，包括从原始社会到近现代的服饰变化。掌握不同朝代服饰的社会文化意义及其反映的社会结构。

（2）丝绸与“丝绸之路”。学习丝绸的起源、生产过程及在中国历史上的重要性。理解“丝绸之路”在促进东西方文化交流中的作用。

（3）传统手工艺：刺绣与蜡染。掌握中国传统刺绣的基本技法和艺术特点。了解蜡染工艺的制作过程及其在民间艺术中的地位。

（4）民族服饰的多样性。认识中国56个民族的服饰特色及其文化象征意义。理解民族服饰在维护民族文化身份和民族团结中的作用。

2. 能力目标

（1）历史分析能力。培养学生分析不同历史时期服饰变化与社会变迁关系的能力，使学生能够理解服饰作为历史发展的一个侧面，如何反映当时的社会结构、经济状况和发展趋势。

（2）跨文化理解能力。通过比较中国服饰与其他国家服饰的异同，提高学生理解不同文化背景下服饰差异的能力，增强他们的跨文化交流意识，促进他们对多元文化的尊重和理解。

（3）审美鉴赏能力。发展学生对中国传统服饰美学特征的鉴赏力，通过分析服饰的色彩、图案和造型，提升他们的艺术审美水平，培养他们对美的感知和欣赏能力。

（4）创新思维能力。鼓励学生对传统服饰文化进行创新设计，培养其创新能力，为传统服饰文化的传承与发展注入新的活力。

（5）批判性思维能力。训练学生对服饰文化现象进行批判性分析，鼓励他们提出自己的见解和疑问，养成独立思考的习惯。

（6）信息整合能力。教授学生如何整合服饰文化相关知识，包括历史背景、制作工艺、美学特征等，以便形成系统化的认知并全面理解服饰文化的整体面貌。

（7）表达与沟通能力。培养学生通过口头或书面形式表达对服饰文化理解的能力，提升其沟通技巧。

3. 课程思政目标

（1）培养民族自豪感。强化留学生对本国传统服饰文化的自豪感，增进民族自尊心和自信心。

（2）培养文化传承意识。培养留学生对本国传统文化的传承意识。

（3）拓展国际视野。拓展学生的国际视野，理解中国服饰文化在全球文化交流中的地位和作用。同时增强学生对共建“一带一路”倡议的认同感，引导他们在国际交流中秉持积极、开放、合作的态度。

（三）教学对象分析

本课程主要面向来南京医科大学学习临床医学专业、接受本科教育的留学生。他们大多数来自“一带一路”沿线国家，比如印度尼西亚、印度、巴基斯坦、埃及、叙利亚、阿富汗等。这些学生具有多元的文化背景，对中国文化可能不太熟悉，但通常对“丝绸之路”的历史和文化有浓厚兴趣。教学将着重增强他们的跨文化理解能力和对中国文化的认同，促进他们的文化与中国文化之间的交流。

（四）教学内容

1. 中国服饰的历史沿革

从原始社会的自然材料使用到各个朝代的服饰规范，概述中国服饰的演变历程，反映社会结构与文化特征的变迁。

2. 丝绸文化与丝绸之路

深入探讨丝绸的起源、生产技术，以及作为中国重要出口商品在古代国际贸易中的作用，特别是“丝绸之路”在促进东西方文化交流中的关键角色。

3. 传统手工艺：刺绣与蜡染

介绍中国四大名绣及其他地区刺绣的特点，以及蜡染工艺的制作过程和艺术价值，体现中国传统手工艺的精湛技艺。

4. 民族服饰的多样性

展示中国 56 个民族的服饰风格，强调各民族服饰在材料选择、制作工艺和装饰风格上的独特性，体现中华文化的多元一体。

5. 服饰的社会意义与文化象征

分析服饰在不同历史时期所体现的社会等级、礼仪规范和文化认同，以及服饰变化与社会变革的互动关系。

6. 现代服饰的融合与发展

观察现代中国服饰如何吸收传统元素并与现代设计理念结合，形成具有国际影响力的时尚风格，探讨中国服饰在全球化背景下的创新与发展。

7. 服饰与国家形象

讨论服饰在塑造国家形象和文化自信中的作用，特别是在国际场合中，如亚太经贸合作组织（Asia-Pacific Economic Cooperation，APEC）会议中中国领导人穿着唐装的外交影响。

通过这些教学内容，学生不仅能够获得关于中国服饰文化的知识，还能培养审美鉴赏力、文化传承意识和国际视野，同时加深对中国传统文化的理解和认同。

（五）教学方法及手段

1. 线上和线下相结合的混合教学模式

结合超星学习通平台及 MOOCs 名师慕课视频的学习和线下课堂教学，为学生提供灵活的学习路径。

2. 项目式教学法

将学生分成小组，每组选择一个与中国传统服饰相关的话题，主题是“中国传统服饰与国际文化交流”（教师提供一些话题供学生选择，学生也可以自己拟定话题，由教师甄别选用）。每组学生需要进行文献调研、制作 PPT、设计互动演示等，最终在班级前展示研究成果，并与其他组进行交流讨论。评价标准基于研究深度、创新性、团队合作、表达能力等。通过项目式学习，学生能够深入了解中国服饰文化，提升对服饰美学的鉴赏力，理解“丝绸之路”在促进东西方文化交流中的作用，认识到在对外文化输出中，服饰作为国家形象的一部分，也是展现中国文化魅力，增强民族自豪感和文化认同的重要组成成分。此外，本课程还能够培养学生批判性思维、研究能力和团队合作的精神。

（六）教学过程

1. 课前

本课程课前教学安排见表 5-3。

表 5-3　课前教学安排

教学环节	教学内容	思政设计	活动方式
课前预习	通过超星学习通平台布置学习任务： 活动 1： 通读 Chapter 9 课文，画出重点内容 活动 2： 使用 UMOOCs 平台，学习国家级精品课“中国文化概况” Chatper 9 Costume & Adornment，并在超星学习通平台完成该章节 summary 的段落写作任务，之后进行生生互评	（1）课前让学生自主阅读中国服饰与装饰，为课堂实现拓展国际视野的思政育人目标做准备 （2）通过教材配套慕课，提前学习中国传统服饰和装饰，锻炼概括能力，为促成课堂产出活动做准备	全班活动 笔头任务

2. 课中

本课程课中教学安排见表 5-4。

表 5-4　课中教学安排

教学环节	教学内容	思政设计	活动方式
导入	活动： 提问思考： （1）你觉得汉服、唐装和旗袍，哪一个更能代表中国服饰文化，为什么？ （2）如何在传承民族服饰和便捷生活之间取得平衡？ 展示单元学习目标	通过提问实现思政目标，激发学生的好奇心和学习兴趣	全班活动 口头简答 （5 分钟）
项目驱动	活动： 展示中国传统服饰以及“丝绸之路”相关的英文视频，并说明本课堂小组项目任务：以“中国传统服饰与国际文化交流”为主题，每组选择一个与中国传统服饰相关的话题（教师提供一些话题供学生选择，学生也可以自己拟定话题，由教师甄别选用）。每组学生需要进行文献调研、制作 PPT、设计互动演示等。最终在班级展示研究成果	（1）让学生带着项目来学习，挖掘学生的潜能，充分调动学生的学习主动性 （2）提高学生对共建“一带一路”倡议的认同感	全班活动 （10 分钟）

续表

教学环节	教学内容	思政设计	活动方式
单元主体内容讨论分析	活动1： 快速阅读课文，抢答问题，累计课堂表现积分 活动2： 展示介绍旗袍的英文视频，并根据内容提问，个人抢答累计课堂表现积分 活动3： 观看相关视频片段，讨论迪奥抄袭马面裙事件背后所体现的中国服饰的世界认同感，以及传承和宣传中国服饰文化需要我们做出什么样的努力 活动4： 小组讨论西方国家分不清中日韩服饰的现状，以及如何有效宣传中国服饰，让世界更好地了解中国服饰文化	(1) 实现拓展国际视野的思政目标：单元核心知识点抢答、练习 skimming 和 scanning 阅读技能。累计课堂积分，激励学生，活跃气氛 (2) 实现培养文化传承意识和塑造历史使命感的思政目标：① 了解中国服饰在推广与对外宣传方面的现状与困境。② 了解中国服饰在塑造国家形象和文化自信中的作用，并强化服饰文化传承的意识	小组活动 教师讲解 视频赏析 抢答积分 (50分钟)
项目输出	活动1： 回顾项目驱动活动中布置的小组项目任务要求：以小组为单位，以“中国传统服饰与国际文化交流”为主题，每组选择一个与中国传统服饰相关的话题 活动2： 每组学生派出代表，在全班展示 PPT，并汇报研究的成果。汇报结束之后是问答环节，其他组的同学负责提问，被提问的小组需要派出代表回答问题 活动3： 教师对四组代表的展示从语言、内容和结构方面进行点评示范，学生对问答环节进行点评，最终教师和学生给各小组打分，参与问答环节的学生也将得到额外的课堂加分	(1) 实现语言、知识和思政目标相融合：就中国传统服饰与国际文化交流这一主题，小组合作完成并进行演讲，可以激发创新精神和培养团队精神（思政目标） (2) 实现师生合作评价，引导学生从语言、内容、结构等方面对展示进行点评，提升他们对中国服饰文化在全球文化交流中的地位和作用的理解和认同 (3) 线上和线下相结合的混合教学模式，实现数字赋能 (4) 实现“教—学—评”一体化的教学流程	小组活动 口头汇报 随堂活动 互评+师评 (50分钟)

续表

教学环节	教学内容	思政设计	活动方式
自评	活动： 教师引导学生针对学习目标是否达成进行自评	完成单元学生自我评价，实现课堂形成性“教—学—评”闭环教学流程，检验教学目标达成度	全班活动（5分钟）

（七）教学反思

本单元的教学将思政教育与专业知识教学相结合，以期加强留学生对中国传统服饰和丝绸之路的深刻理解，同时提升他们的跨文化交际能力和创新精神。本单元课程的思政教学设计具有以下几个创新点。

1. 融合性教学设计

教师尝试将思政元素自然融入专业知识教学中，通过案例分析和故事讲述，让学生在了解中国服饰文化的同时，感受到中国文化的深厚底蕴，以及服饰文化对于展现国家形象、提升民族自信的重要性。

2. 项目式学习

通过小组项目，学生不仅学习了中国传统服饰的特征特点，还探索了服饰文化与国际文化交流的密切关系，这种学习方式有效地激发了学生的团队合作精神和创新思维。

3. 互动式教学

课堂上的抢答积分和小组讨论等活动，增加了学生的参与度，使他们在互动中加深了对知识点的理解和记忆。

然而，在教学过程中，也有一些需要改进的地方。

（1）批判性思维的培养：虽然学生在课堂上表现出了较高的参与度，但在培养他们的批判性思维方面还有待加强。未来，教师计划引入更多引导性问题和辩论环节，鼓励学生从不同角度分析和评价服饰文化。

（2）个性化教学的深化：部分学生在团队活动中参与度不高，需要更多关注学生的个性化需求，提供差异化的教学支持，确保每个学生都能在课堂上找到适合自己的学习方式。

（3）教学内容的深度与广度：尽管本课程覆盖了从古代到现代的中国服饰文化，但在某些专题，如民族服饰的多样性和地域特色，还有进一步深化的空间。教师计划在未来的教学中增加更多相关内容，以帮助学生形成更全面的认识。

（4）教学方法的多样化：为了适应不同学生的学习风格，教师计划引入更多教学方法，以提高教学的灵活性和吸引力。

（5）评估与反馈机制的完善：需要建立一个更加系统和及时的评估与反馈机制，确保学生能够及时了解自己的学习情况，并根据评估与反馈调整学习策略。

第六章 “讲好中国故事”学生成果

She Lights up Girls' Life

Staring into the distance, a little girl stopped farming and took a break, with a sickle and basket beside her. This image remained impressive in Zhang Guimei's memory. Zhang Guimei, a principal who lighted up girls' lives, explained the true meaning of dedication and equality in core socialist values.

Zhang Guimei's untiring quest for equality opened up a whole new world for girls in Huaping County, Yunnan Province. Over a long period of time, most of the locals in the remote mountain area held a preference for sons over daughters. Therefore, many girls found it difficult to access regular education, let alone leaving the mountain village. In order to realize the equal rights of children in education, Zhang devoted herself to fundrasing for the establishment of girls' high school, so that girls would have a chance to change their destinies. Seven years later, Lijiang Huaping Girls' High School was built and local girls finally had the same right of education.

While her equality unlocked the dusty "door", Zhang's dedication pushed more and more girls to step across the "door" towards a brilliant life. After founding the girls' high school, she never stopped fighting. In the past 12 years, Zhang has trekked over 110 thousand kilometers to visit homes and assisted more than 1,300 families in poverty. Although hard work caused her to suffer from 16 diseases, she kept devoting because of love and dedication. Fortunately, Zhang realized her dream. In 2020, the college entrance rate of girls' high school reached an astonishing number—40%! The life of more than 1,800 girls was completely changed because of her selfless delication. They finally bid farewell to the isolated village, became more independent and embraced a brand-new life.

Nowadays, tears left by rural girls who couldn't receive education gradually fade away. Zhang Guimei, this great educator with firm belief and selfless dedication, has set an example of equality and dedication for us. Equality and dedication are also the cornerstones of medical care. As future doctors, we should also treat all patients equally regardless of their identity, status or wealth and try our best to cure their diseases or relieve their pains at least. This is a manifestation of the principles of equality and dedication as encapsulated in the socialist core values.

赵昊赟 倪维杰 徐东闯 黄奕皓
第二临床医学院 2023级

Welcome to Maile Village, Welcome to Silk Road of Health

"To practice medicine, one must possess not only conscience but also confidence in their surgical abilities and sincere compassion towards patients." The statement, articulated by a main character in the moving TV series *Welcome to Maile Village*, sets the stage for our discussion today: the impact of the Belt and Road Initiative (BRI) on medical development. This drama unveils the dedication and devotion of Chinese medical workers in remote African regions. It is a story of hope and friendship, and a testament to the power of BRI to bring about positive changes.

First and foremost, the BRI has opened up new avenues for the sharing of medical technology and knowledge. In the series, the Chinese medical team set up a training course, imparting advanced medical knowledge to local African medical personnel. Notably, the heroine successfully persuaded the local resident Simba to accept traditional Chinese acupuncture therapy. This has contributed to the reductions of mortality rates, improvements of overall health conditions and enhancements of the quality of life for local inhabitants.

The BRI has also created opportunities for medical education and training. Through BRI-funded programs, local healthcare workers have been able to acquire new skills and knowledge to handle more complex medical cases. This has not only improved the quality of medical care but also contributed to the development of local healthcare systems.

Finally, the BRI has promoted international understanding and cooperation. By bringing together different nations and cultures, the BRI has fostered a sense of mutual respect and understanding among healthcare workers from various countries, leading to a stronger commitment to the exchange of knowledge, skills, and resources.

In conclusion, "Welcome to Maile Village" highlights the positive impact of the BRI on medical development. Through collaborations, exchanges and cooperation, the BRI has improved healthcare outcomes and fostered a sense of global solidarity among medical professionals. “Maile” is a transliteration of the African Swahili language, which means “forever”—the friendship between China and Africa will last forever. It is upon us, the medical students and future practitioners, to carry forward this mantle of universal healthcare access.

邵 典
第四临床医学院 2023级

Freedom Blooms with Technology

According to the website of *The Financial Times*, the first mainline passenger jet developed by China took off and soared into the sky in its first commercial flight, which was a symbolic moment for China's technological independence.

Another example is 5G technology, which stands as a milestone achievement of the 21st century, and China has made a significant contribution to it. 5G technology promises to break the confines of traditional communication networks, heralding boundless possibilities. The dawn of an era where wireless networks interconnect all facets of life has arrived, with 5G technology assuming a pivotal role.

Of course, that is not the whole story. Actually, from lasers to high-speed railways, or from nuclear energy to navigation satellites, China has achieved countless technological freedoms. The remarkable progress in the development of technological freedom in China is evident. Since the initiation of the reform and opening-up policy, China has gradually integrated into the global technological ecosystem, with technological innovation becoming a key driving force for national development. The rise of China's science and technology companies has been notable, contributing to a continuous stream of cutting-edge technological innovations on a global scale. Technological freedom has provided individuals with increased opportunities for innovation and expression, which, in return, continuously promotes the development of national innovation and entrepreneurship, exploring newer technological perspectives and realizing more technological freedom.

How do individuals attain freedom in knowledge or technology? Through unremitting efforts. The same is true for a nation. China has done a lot to achieve these freedoms. The technological progress in China is a gradual process. China's continuous deepening of reform, and strengthening of international cooperation has greatly improved the quality of life of its people and provided a broader platform for its own development. Technological freedom, intertwined with political and social development, is propelling China towards a more open and innovative direction.

As young people, we are now enjoying the technological freedom. Meanwhile, we should work harder to explore a freer future for our country. Let us start now!

杨王涵琪 朱 琳 杨婷钰 毕羽慧
生物医学工程与信息学院 2023级

The Eternal Elegance of Shiqing: A Color that Transcends Time

If romance can be ranked, then traditional Chinese colors would undoubtedly top the list. Do you know how ancient Chinese people described colors? Today, I will focus on Shiqing(石青), a color that appears at the top of the mountains in the painting—*A Thousand Miles of Rivers and Mountains* (千里江山图).

Shiqing is the color that spanned thousands of years, telling tales of unfulfilled ambition and heroes' tears. It's a story of an incompetent emperor and a talented young man named Wang Ximeng, who created the painting to express his belief that mountains and rivers remain unchanged. Since the color will not fade for thousands of years, the painting remains bright and beautiful.

The durability and non-fading nature of Shiqing make it the first choice for artworks that need to be preserved for centuries, such as temple murals. Furthermore, in ancient China, Shiqing was often incorporated into royal attire, symbolizing orthodoxy and dignity. It is truly unique in Chinese history. Although thousands of years have passed, color can still shock us greatly.

Today, the use of Shiqing in China continues to evolve. It can be found in fans and clothing, making them more attractive. How persistently shiqing has managed to find its way into various creative fields and cultural expressions. Its unique style and historical significance make it a cherished element in China's artistic heritage.

In a word, Shiqing is an excellent color that was born together with human civilization. Now, it not only symbolizes the prosperity of our country, but also depicts the thriving 1.4 billion Chinese people. No matter how the external environment changes, we Chinese people are as indomitable as Shiqing and never give up.

Perhaps you like the purity and modernness of Klein blue, but I prefer the profundity and eternity of Shiqing. Shiqing travels through time, telling the romantic stories that belong to Chinese culture.

叶佳颖　王玥璇　魏冒鑫

公共卫生学院　2023 级

The Pursuit of True Happiness in Rural Revitalization

"What is the meaning of happiness?" Everyone has his or her own answer. But for a special group of people, happiness has a different meaning. To them, happiness is the roads connecting the villages to towns; happiness is the special agricultural products enabling small farmers to access large markets; and happiness is the myriad lights illuminating the rural landscapes. These are the people who dedicate their lives to the cause of rural revitalization.

The focus of today is a moving story called *Daughter of the Mountains*, which revolves around Huang Wenxiu, a graduate from Beijing Normal University. Faced with a crossroad in life, she resolutely gave up her high-paying job and comfortable life, and chose to return to the poorest areas to achieve the goal of rural revitalization.

To understand the impoverished households, Huang Wenxiu helped poor families sweep their yards, wash their vegetables and work in the fields. Over time, she gained a deep understanding of the whole village, and led the charge against poverty with the villagers.

She helped villagers expand their fruit-planting areas, assisted them in applying for loans, and invited experts to solve their technical problems. She tried every means to lead villagers towards a happy life. With their joint efforts, it was in less than two years that Baini Village was lifted out of poverty.

However, a heart-breaking event occurred. On an evening with lightning, thunder and rainstorms, Huang Wenxiu was engulfed by the merciless mountain torrents. She left us forever.

Huang's life was short, but her spirit endured forever. Now, we can see other groups of people like Huang have volunteered to work at the grassroots level. We can see rural revitalization has been glowing with fresh vitality. And we can see more and more young people are striving for the Chinese dream of national rejuvenation.

"All striving for day and night is for the rapid development here." The tapestry of our times is gradually unfolding, revealing the blueprint of happiness for the Chinese nation right before us. The colorful pens that draw the blueprint are just in our hands.

曲亦菲　孙欣羽　袁露鸿樱
第一临床医学院　2023 级

There Is Speed but Also Temperature

Every day we are all connected. Among the various ways that connect us, there is one that makes the world smaller and more heart-warming. That is the high-speed railway.

China now has the largest high-speed rail network in the world. In the past ten years, China's high speed rail network has grown from under 10,000 kilometers to over 40,000 kilometers, making it long enough to circle the entire equator. Every year, an average of 3, 500 kilometers of railways are put into use.

High-speed railway shortens the distance between cities. Ten years ago, it took us more than ten hours to travel from Beijing to Shanghai by train. However, now, you can complete a round trip just in a day. Consequently, the flow of people, money and goods between cities and regions is surging.

China's high-speed railway system not only facilitates people's lives, but also demonstrates China's technological power. Under the support of "the Belt and Road Initiative", high-speed railway has become a "business card" of China and won a place in the global market. For example, the Mombasa-Nairobi Railway is the first rail link conforming to Chinese standards ever built outside of China, which is expected to create nearly 30,000 jobs in Kenya and boost annual GDP growth by 1.5 percent.

The development of China's high-speed rail is amazing, but the most attractive thing is the warm moments on the train.

A visually impaired girl filmed her solo journey from Guangzhou to Shenzhen by high-speed rail, and posted it onto the Internet. In her video, the staff carefully guided her through the check-in counter and onto the train, which received unanimous praise from netizens.

Her experience is not rare. A child left on a train by careless parents was returned by the staff. The train made a two-minute emergency stop for a heart attack victim. The belongings lost by passengers on a train were retrieved in only 13 minutes ...

From 35 kilometers per hour to 350 kilometers per hour, spanning a distance of 0 to 37,900 kilometers, “I have sailed a thousand miles through Three Gorges in a day” has already become a reality. Although the railway is a means of transportation, it carries people's desire for a happy life. The railway is tangible, but it has given people so many intangible assets, bringing wealth and welfare to the society.

宫千惠 胡 迪 翁 馨
儿科学院 2023 级

Navigating the Dual Carbon Era
—Climate Action in China

In July 2023, the UN Secretary-General Antonio Guterres issued a statement that the era of global boiling has arrived. Regardless of exaggeration, the truth is that we've got a huge problem on our hand with global warming. Confronted with it, China has emerged as a key fighter against this global problem and made significant contributions, including "Dual Carbon Goals". Notably, China has recently introduced a "1+N" policy framework to further advance this target.

So what exactly is this policy, and what significance does it have?

In 2020, "Dual Carbon Goals" were firstly proposed by President Xi, which are to reach carbon peaking by 2030 and carbon neutrality by 2060. Then in Oct. 2021, "Working Guidance for Carbon Dioxide Peaking and Carbon Neutrality in Full and Faithful Implementation of the New Development Philosophy" (The "1" Policy) was issued. This policy design document was interpreted as top level guidance. Two days later, "Action Plan for Carbon Peaking Before 2030" was issued, and then specific policies in various fields have also been introduced (The "N" policies). So, that is why it's called "1+N" policy framework.

It's not hard to see the "1" is like a map, providing the overall direction, while the "N" is the specific routes planned on the map, offering the concrete ways. Obviously, with the clear goal and well-defined path, it provided specific phased plans to prevent all kinds of disorderly development.

And under this policy guidance, one of the significant improvements is ecological environment restoration. In 2022, China reached a forest coverage rate of 24%, with the continuous expansion of forest area. Besides, the proportion of days with good air quality increased steadily, PM 2.5 dropping by 43 micrograms per cubic metre.

In conclusion, the "1+N" policy framework is a comprehensive and forward-thinking approach to tackling climate change, reflecting China's international responsibility. So, young leaders, let's navigate the dual carbon era and do our part to protect the Earth.

孙焕婷
外国语学院 2022级

Great Achievements in Poverty Alleviation

Good afternoon, ladies and gentlemen,

Before I start my speech, let's imagine: children in the mountain areas stuck in run-down houses and could not afford to eat, school-age children in backward areas herding cattle in the fields. There were heart-wrenching realities that once plagued China's contryside. However, with the untiring efforts of our country, China has achieved groundbreaking progress in combating three dimensions of deprivation: income poverty, capacity poverty, and rights poverty. Today, I will demonstrate how we've transformed lives through these critical pathways.

First of all, in terms of income poverty alleviation, China focuses on financial investment and support for poor families who have not yet achieved their basic subsistence security. To this end, the government has strengthened financial support and increased investment. All 98.99 million rural people had been lifted out of poverty, and all 832 poverty-stricken counties had been lifted out of poverty.

However, "it is better to teach a man to fish than to give him fish". Rather than allocating funds directly, it is more important to give the poor the opportunities and resources to lift themselves out of poverty.

So, second, in terms of capacity poverty alleviation, the Chinese government has fostered self-reliance and enhanced their capacity for self-development. The government has guided the poor to build confidence, improve skills, and actively participate in the process of poverty alleviation. In this process, many models of poverty alleviation have emerged on the platform, such as Mao Xianglin, Li Yu and others. For example, Mao spearheaded a seven-year cliffside endeavor to carve the "Skyway of Hope" -an 8-kilometer lifeline connecting isolated communities to economic opportunities.

Third, in terms of rights poverty alleviation, to improve people's living conditions, the Chinese government has paid attention to strengthening rural infrastructure construction, and promoting rural governance. At the same time, more importantly, China has prioritized bridging gaps in healthcare services and educations. Under the influence of the policy, medical teams and facilities have stationed in Hejiang Village to provide basic medical services for villagers which facilitated the local.

Poverty alleviation is an indelible stroke in our history. And new challenges might emerge on our development trajectory. But Chinese people will not be afraid. As Chairman Mao said, “we will confront challenges with clear-eyed resolve.”

顾金铭

外国语学院 2022级

第七章 “讲好医学故事”学生成果

Innovation and Technology: A Medical Student's Journey in the ICU

Medicine is a captivating field, and as a medical student at Nanjing Medical University, I find it thrilling to engage with emerging medical technologies amid the daily grind of coursework. During my winter break, I interned in the ICU at Yixing People's Hospital, which ranked second among county-level hospitals nationwide in 2023. This internship provided me with a profound insight into the critical role of advanced medical devices and technology.

The ICU bustled in the morning. I joined the attending doctors as they made their rounds. On the side near the door of the ICU, there were two emergency rooms. The doctors informed me that one room housed a patient with severe cardiopulmonary failure. Remarkably, despite his critical condition, the patient remained conscious and engaged in rehabilitation exercises using a pedal device. "This is all possible thanks to the 'Mini-ECMO' he is equipped with," the doctor proudly explained. Just the day before, I had learned about the traditional ECMO—Extracorporeal Membrane Oxygenation, which involves an external artificial lung membrane for patients with severe respiratory failure. Yixing People's Hospital has five large ECMO units in the ICU, offering me firsthand insights into how this emerging technology, which saves human lives, works.The doctors highlighted that this patient was part of the nation's third trial of awake Mini-ECMO—a breakthrough enabling conscious patients to receive life support, dramatically boosting survival rates and treatment adaptability. As an experimental technology, it was first learned, boldly tested, and rigorously screened by doctors from the ICU department of Yixing People's Hospital.

During my internship, I learned that each hospital bed was equipped with a monitor displaying vital signs such as heart rate and pulse. Curiously,I asked the doctor and learned that the seemingly insignificant display was very promising. After relocating to the new hospital site, Yixing People's Hospital updated and unified its medical equipment with domestic products, especially the life monitoring systems, all of which now use purely domestic real-time monitoring systems. The display I was looking at is an individual monitor from this system. When I first entered the ICU lobby, I also noticed a large display screen on the wall. Now I know that it is a display screen showing the vital signs for each bed. As a fully domestic system, it digitizes and processes real-time monitoring data such as blood pressure, heart rate, and pulse, displaying it on screens next to patients, on a central screen in the lobby, and on the computers at the nurses' station. The doctor also showed me their smartphones, which could display this data in real time through an authorized app. I was amazed at how technological progress and digitalization significantly impacted medical efficiency, patient safety, and treatment effectiveness.

Additionally, I also learned about some equally important medical technologies. Doctors continuously refined these tools through feedback and innovation, driving coordinated advancements in medical science. When I first entered the ICU, I curiously asked why there were no IV bags typically seen at patients' bedsides. The doctor explained with a smile that IVs had been replaced by sophisticated micro-infusion pumps, which ensured precise drug delivery at critical moments.

After the rounds, I toured the ICU's research lab, where high-tech devices and clinical trials undergo constant optimization to deliver safer and more effective treatments. I am proud of the significant development in medical technology and science in my hometown, and this internship has opened my eyes to the importance of technological innovation in advancing medical care. This internship has reshaped my perspective—I'm no longer confined to textbook memorization at Nanjing Medical University. Instead, I focus on future developments, knowing that innovation is a crucial step forward.

丁 一 熊科翔 于绍洋 丁孟启
第二临床医学院 2023级
居怡可
外国语学院 2021级

The Role of Advanced Equipment in Medical Education

Hello, everyone, welcome to today's sharing moment. In today's rapidly changing scientific landscape, our learning and experimental methods are constantly evolving. Behind this, the advanced equipment in the experimental building undoubtedly plays a crucial role. For example, biochemical analyzer, electrolyte analyzer, blood cell analyzer, culture incubator, centrifuge, cell culture tank, desktop centrifuge, high-speed centrifuge, and rotary vacuum concentrator. They have stylish appearances and clever designs, providing unprecedented convenience for our research activities.

Today, let me introduce two representative instruments to you and show how they play an important role in our daily learning and experiments.

Firstly, let's discuss the DreamLab sampling software, a vital tool in physiological experiments for collecting, analyzing, and processing electrocardiogram data. Next, we will demonstrate its function by conducting limb lead electrocardiogram experiments. Before the experiment starts, we need to do some preparatory work: The first step is to wipe the volar aspects of the subject's upper limbs and the medial aspects of the subject's lower limbs with an alcohol cotton ball to ensure that the skin is clean. Then, connect the four wires of the electrocardiogram machine to these areas four lead electrodes: white, black, green, and red. Connect the white wire to the subject's right hand, the black wire to the left hand, the green wire to the right foot, and the red wire to the left foot. Finally, align the finger pulse transducer with the tip of the subject's left middle finger and clamp it in place. Next, we will calibrate the device. Open DreamLab sampling software and enter the "Effects of Exercise on Cardiovascular Experiments" interface. After ensuring that all settings are correct, click the "Start" button to start sampling. During the sampling process, ensure that the subjects remain stationary to prevent interference with the recording of the electrocardiogram. Meanwhile, monitor the electrocardiogram waveform on the software interface to ensure data quality. After the sampling is completed, we can analyze the electrocardiogram. Through the functionality provided by DreamLab software, we can observe indicators such as heart rate, and ST segment changes to understand the cardiovascular status of the subjects.

Secondly, the gel electrophoresis equipment used in our biochemistry experiment class is an experimental device widely used in the field of biological science, which is used to separate and identify biological macromolecules, such as DNA, RNA and protein. This device is based on gel electrophoresis technology, which can separate and detect biomolecules through the migration behavior of biomolecules in gel under the action of electric field. The gel electrophoresis equipment is mainly composed of an electrophoresis tank, a power supply, electrodes, a gel, and sample wells. The electrophoresis tank is the core part of the equipment, which is used to hold gel, electrolyte and provide electric field. The power supply provides stable current and voltage to control the electrophoresis process. The electrode is connected to the power supply and electrophoresis tank, transmitting current. Gel is the medium of electrophoresis, which can be agarose gel or polyacrylamide gel. The sample well is used to load the test sample. During the experimental operation, we should first prepare samples and load them into the wells of gel. Then, according to the experimental requirements, parameters such as the current, voltage, and electrophoresis time of the power supply need to be set. Next, start the equipment, connect the power supply to the gel tank, and turn on the equipment to initiate the electrophoresis process. Finally, when the sample migrates to an appropriate location, terminate the electrophoresis, turn off the equipment, and take out the gel for subsequent analysis and recording.

In today's increasingly integrated world of technology and education, the emergence of these advanced devices not only provides tremendous convenience for our learning and experimentation, but also stimulates our innovative potential. They enpower us to explore the scientific world more deeply and achieve continuous progress. Looking ahead, as technology continues to advance, we anticipate the emergence of even more sophisticated equipment that will enrich our learning and lives, paving the way for greater discoveries and advancements.

蔡汶辰 鲍诗彤 谢涵睿 褚梦婕
护理学院 2022 级

If You Can Not Hear the Sound

If you can not hear the sound, how will you receive the information transmitted by the sound? We will provide you with one of the answers.

I am a college student. Also, I am a sufferer of neurological deafness. In order to be able to carry on with my normal life, I turn to them for help—hearing aids.

For patients who live alone, the sensation of sound comes from the vibrations conducted by the eardrum, rather than those brought by the nerves. For those who live in groups, the lack of hearing means they make up for it with more of their other senses. For example, visual sense. When we are in the communication scene, we communicate more by reading other people's lips with the help of body language. Also, we can find a companion. What is their role? You can probably guess—yes, they are our living hearing aids.

It's like living in a layered glass chamber—some of us dwell in soundproof silence, seeing lips move through transparent walls but catching no whispers; others peer through frosted panes, where voices blur into muffled echoes, as if hearing the world through water. We watch mouths open and close in rhythmic code, their words trapped in bubbles that dissolve before reaching us, leaving only the tremor of our own breath.

Yet within this fragmented realm, hope persists. Like engineers of perception, doctors and scientists chip away at the glass—amplifying vibrations into speech, sharpening echoes into song. With each crack in the barrier, colors flood in: a child's laughter resonating through bone-conduction processors, a friend's joke decoded by AI-enhanced subtitles. The silent abyss becomes a canvas, where technology and human tenacity collaborate to repaint sound.

The global hearing aid industry is monopolized by five major groups—SONOVA in Switzerland, DEMANT in Denmark, GN ReSound in Denmark, STARKEY in America, WS Audiology operated by both Germany and Switzerland, controlling over 90% of the share and focusing on high-end models with offline sales. Despite this domination, the global penetration rate stands at

17%, while in China, it’s less than 5%.

But things are getting better. China’s hearing aid market is growing rapidly due to the dual effects of economic growth and an aging population. China’s 14th Five-Year Plan prioritizes assistive technology innovation. Traditionally, hearing aid sales have primarily relied on offline stores and hospitals. In China and other parts of the world, efforts are being made to further break the original offline fitting of the inherent business model of hearing aids. The formation of new online sales channels and offline direct sales channels is conducive to providing the hearing-impaired with more convenient access to hearing aids, and reducing the economic pressure on the wearers.

Since the early 21st century, China’s local hearing aid brands have gradually developed, forming certain industrial chains and industrial clusters and giving rise to a number of leading brands with Chinese characteristics. The application of emerging technologies in hearing aids is never-ending. It is believed that in the near future, “Made in China” will evolve into “Created in China”, bringing intelligent solutions to benefit more Chinese people and people around the world. We shall witness the day when those once confined in silence emerge from their glass chambers, stepping into a world where vibrations bloom into symphonies, and light refracts every unspoken word into color.

仲赵婷　刘欣彤　彭乙可　高宇涵
生物医学工程与信息学院　2023 级

Seeing Beyond: Vision Pro's Support for Autism

In a world where some children seem to inhabit a different realm, they're not deaf, yet hear little; not blind, yet often don't see; not mute, yet struggle to speak. They are the children with autism, shining alone, distant from society, as if they hail from distant galaxies. They are the starlit children: isolated yet undeniably part of our world.

Often perceived as peculiar, I struggle with uncontrollable emotions and actions. I repeat tasks incessantly, yearning for love yet unable to express it. Why can't I be like everyone else? I retreat into my shell, overwhelmed by a sense of helplessness and panic.

They say I live too seriously, unable to smile at a flower like my peers, or feel excited about new leaves. I've retreated into my own world, just like a lone figure in the wilderness, with seemingly no one to lead me out. I'm a blade of grass-digging a hole, planting myself in it and standing there awkwardly. We lack the deep roots of plants and we can't know what lies beneath the soil. Having burned ourselves in our own worlds, we're left in darkness, finding fleeting comfort in rituals, mistaking our projections for wisdom. I think I understand, but I only understand myself.

But with the advent of the digital age, families of autistic children are seeing a glimmer of hope, as the door to their children's hearts gradually creaks open.

Vision Pro, through its immersive virtual reality experiences, opens a gateway to a sensory feast for the minds of autistic children. Here, they can stroll through serene forests, feeling the fresh air and warmth of the sun; dive into colorful underwater worlds, dancing with beautiful marine creatures; or wander through tranquil gardens, listening to the sound of flowers blooming and inhaling their fragrances. In these vibrant virtual landscapes, children find their own sanctuary, experiencing pure spiritual delight in a peaceful environment. Virtual digital imagery isn't just a visual pleasure; it's also a balm for the soul, helping patients relax, reducing anxiety and stress, and improving emotional stability. At the same time, Vision Pro bridges the gap between children and the real world, allowing them to make progress through gradual simulated exposure.

Children from the stars are also integral parts of the human community, deserving the right to enjoy and express themselves. By simulating external scenes, Vision Pro illuminates the world of these star-children. This is where the true essence of digital technology lies: to bridge divides and illuminate the path for every unique mind.

陈张益　高寒杰　顾钰文　黄煜乔　都一雪
第一临床医学院　2023 级

AI Patients: The Transformative Impact of Technology on Medical Care

Have you encountered the concept of an "AI patient"? This innovative program revolutionizes medical practice by simulating real-life patients. Within this application, one can configure disease scenarios, interact with an AI-portrayed patient, and access detailed health records, all of which facilitate online consultations.

The evolution of AI patients is a testament to the strides made in science and technology. As novel technologies continue to emerge, their transformative impact on medical treatment has been increasingly evident. Technology is of immeasurable importance to medical care, benefiting medical students, patients, and doctors in different ways.

For medical students, technological advancements have significantly streamlined the learning process and improved its efficiency. Historically, students were confined to memorize information from static images in textbooks, an approach that was not only inefficient but also limited in comprehensive knowledge acquisition. Presently, alongside "AI patient", various applications are being developed and introduced to the market, serving as valuable tools for enriching medical students' educational experiences.

Patients, too, are reaping the benefits of technological progress, which has enhanced the efficiency and ambience of medical care. In the past, hospital visits were characterized by lengthy queues at registration desks and overcrowded waiting areas outside doctors' offices. The advent of self-registration and self-service collection has markedly improved hospital orderliness, redirecting some individuals to self-service registration, which thereby reduces the congestion of manual processes. Concurrently, self-service collection has saved valuable time for individuals, allowing them to retrieve test results according to their own schedules, eliminating the need for prolonged waiting in designated areas.

Physicians are also benefiting from technological innovation, which has enhanced diagnostic accuracy and relieved professional stress. In bygone eras, outdated medical equipment often resulted in substantial workloads for doctors, with imprecise data and primitive medical machinery posing challenges to accurate disease diagnosis. The advent of scientific and technological advancements has seen the integration of various high-precision instruments, enhancing the precision of disease diagnosis. The application of minimally invasive surgery has lessened patient discomfort, and the utilization of medical big data disease models has enabled doctors to make swift and informed diagnoses.

Looking to the future, thanks to the continuous development of science and technology, great progress has been made in all aspects of medical care. Medical students, patients, and doctors all enjoy the convenience brought by technology. Science and technology stand as the primary driving forces of production, and the progress of medical treatment is inextricably linked to their advancement.

周思媛 郑梦蕾 高璐瑶 路 珺 蔡言黄
第四临床医学院 2023 级

I Want to Hear this World

A meow on campus shines our mood of the day; the sound of rain in summer soothes the irritability brought by the torridity. The sound is the gift of nature and the condiment of life, and it makes the silent world become vibrant and vivifying.

But what if all these sounds disappear?

Nowadays, the deaf-mute population in China accounts for 1.67% of the total population, approximately 20.75 million people. As of 12th November, 2023, nearly 100,000 hearing-impaired people in China have regained their hearing abilities through cochlear implants.

As an electronic device, artificial cochlea converts sound into a certain encoded form of electrical signal by the external language processor, and directly excites the auditory nerve through the implanted electrode system to restore or rebuild the hearing function of deaf people.

And how do we hear it? The sound emitted by the vibration of the object is propagated via the air, traversing the conduction system of the outer ear, middle ear and inner ear. Then, it causes the vibration of the endolymph and basement membrane fibers in the cochlea, thus stimulates the excitation of the auditory cells and generating nerve impulses. The impulse travels along the auditory nerve to the posterior medial geniculate body, where it synapases with neurons and enters the auditory area of the cerebral cortex to produce hearing. The cochlear implant is mainly suitable for patients with severe neurological deafness and total deafness. That is, through this technique, the patients' auditory reflection arc is improved, so that the patients can hear the sound.

Since the development of multi-channel cochlear implant in China in 1995, the technology of cochlear implant has been developing continuously. At the same time, Chinese doctors have also developed a lot of personalized clinical protocols, thus ensuring the efficacy and safety are well guaranteed.

Of course, as we all know, cochlear implants required large incisions in the skull at the beginning, which had the high risk of infection. From 2004 to 2005, minimally invasive surgery was strongly advocated. Finally, in 2011,

Dai Pu, an excellent otolaryngology surgeon in China, proposed application of this technology for the first time. Minimally invasive surgery, as the name suggests, is a minor wound. The proposed surgical program basically solved the problems of high risk and many sequelae of large wounds, and greatly improved the success rate of surgery. Dr. Dai's innovation gives patients much more hope. As a result, Dr. Dai Pu is also honored as "the first person to undergo minimally invasive cochlear implant surgery".

However, cochlear implants can also bring inconvenience. Because the most commonly used material for cochlear implants mostly contains magnets, people who have had cochlear implants may encounter many problems during security checks and MRI tests. For the sake of improving the quality of life of deaf and mute people, our country has developed the Norkang CS-30A cochlear implant system, which has 3T magnetic resonance compatible function.To put it simply, when wearing it, you will not be bothered to take magnets for MRI examination.

Not only has China endeavored in the technical aspect, but it also has done a lot on the economic side. In the past, a cochlear implant was expensive enough to make an ordinary patient bankrupt. But now, with the continuous improvement of social security, cochlear implant has gradually been included in the scope of medical insurance in many regions of China.

"Mourners, widowers, widows, orphans, childless men, the disabled, and the sick—all are sufficiently maintained." At present, the rate of cochlear implantation in China is not very high. But we believe that with everyone's unremitting efforts, more and more patients will have the opportunity to use cochlear implantation in soon future. Let's join hands to use scientific and technological innovation to create a unique Chinese harmonious society".

丁 蕊 于 怿 周雨菲 孙婧文

第二临床医学院 2023级

后　记

《医学院校外语课程思政实践与探索》是2024年度南京医科大学二级党组织(外国语学院党总支)党建“书记项目”——“加强外语课程思政建设,提高人才培养质量”及2024年度南京医科大学党支部党建“书记项目”——“用英语讲好‘三个故事’,教师党支部课程思政特色品牌创建研究”的建设成果,也是南京医科大学党的二十大精神研究专项课题“以高质量党建引领外语课程思政建设的实施路径研究”的阶段性研究成果。

本书在编写过程中得到了南京医科大学党委组织部、党委宣传部、教务部的大力支持,在此表示衷心感谢。

本书包含教学案例和学生成果两个部分,体现了外国语学院“党建引领课程思政建设”“第一课堂与第二课堂融会贯通”的课程思政理念与思路。教学案例涵盖大学英语、继续教育英语、学术英语(医学)、博士英语、医学英语、英语演讲与辩论、英国与美国文学选读、基础英语写作、翻译理论与实践、综合英语、中国文化等11门课程;学生成果涵盖大学英语课程过程性作业优秀作品、英语演讲与辩论课程期中考试和期末考试优秀作品、“高教社杯”大学生“用外语讲好中国故事”优秀短视频征集活动校内赛优秀作品。在历经数月的书稿编写过程中,教师与学生都倾注了大量心血与智慧,在此对所有参与编写的师生致以最诚挚的谢意。

最后,感谢苏州大学出版社对出版本书的辛勤付出和大力支持。编辑的专业指导和细致把关确保书稿以最佳面貌呈现。

由于种种局限,书中难免存在疏漏与不足之处,敬请各位读者批评指正,以便今后进一步完善。

徐　霞　薄蓉蓉

2025年4月